What is a fact family?

A fact family is a group of math facts using the
In the case of division and multiplication, you use three
numbers and get four facts. For example, you can form a fact
family using the three numbers:

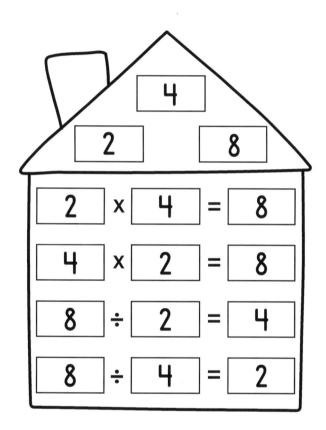

Where do we use fact families?

We can use fact families to reinforce or learn the connection
between division and multiplication, and to help children
memorize the basic addition &
subtraction facts.

Fact Families

division and multiplication

Use the given numbers to form fact family equations

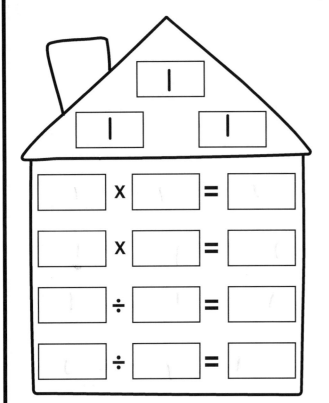

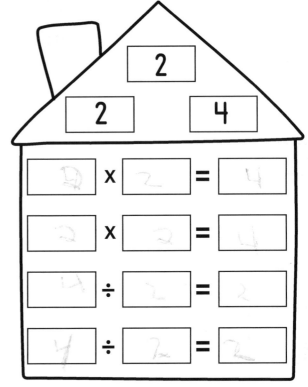

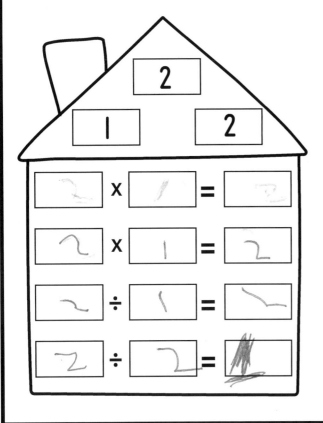

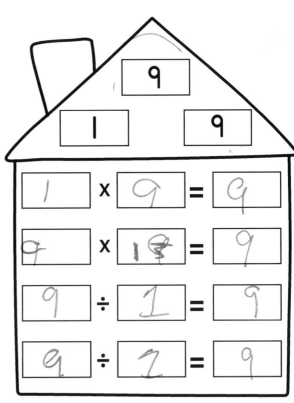

Fact Families | division and multiplication

Use the given numbers to form fact family equations

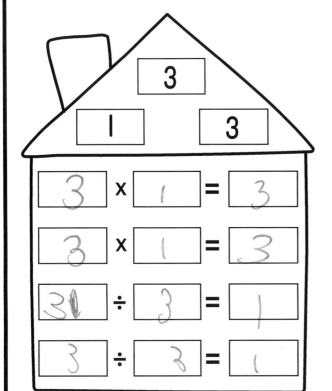

House with 3 at top, 1 and 3 below.

$3 \times 1 = 3$

$3 \times 1 = 3$

$3 \div 3 = 1$

$3 \div 3 = 1$

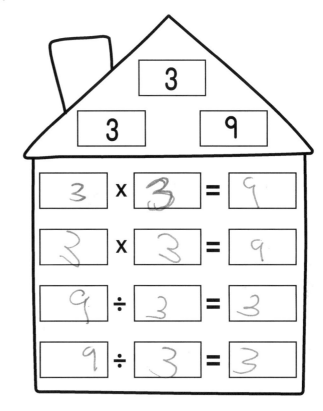

House with 3 at top, 3 and 9 below.

$3 \times 3 = 9$

$3 \times 3 = 9$

$9 \div 3 = 3$

$9 \div 3 = 3$

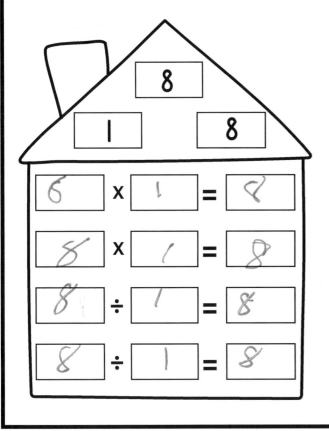

House with 8 at top, 1 and 8 below.

$8 \times 1 = 8$

$8 \times 1 = 8$

$8 \div 1 = 8$

$8 \div 1 = 8$

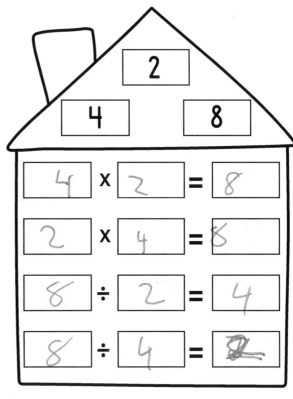

House with 2 at top, 4 and 8 below.

$4 \times 2 = 8$

$2 \times 4 = 8$

$8 \div 2 = 4$

$8 \div 4 = 2$

Fact Families

Use the given numbers to form fact family equations

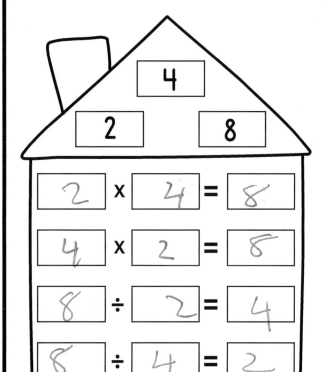

4

2   **8**

$2 \times 4 = 8$

$4 \times 2 = 8$

$8 \div 2 = 4$

$8 \div 4 = 2$

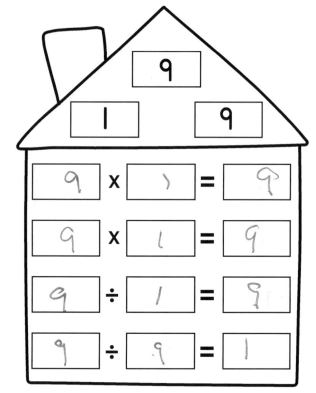

9

1   **9**

$9 \times 1 = 9$

$9 \times 1 = 9$

$9 \div 1 = 9$

$9 \div 9 = 1$

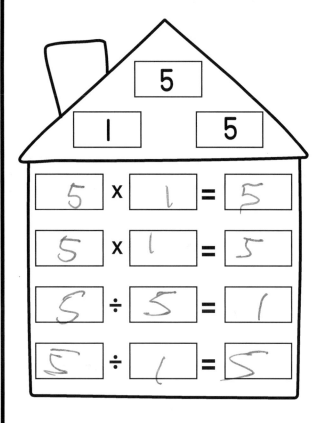

5

1   **5**

$5 \times 1 = 5$

$5 \times 1 = 5$

$5 \div 5 = 1$

$5 \div 1 = 5$

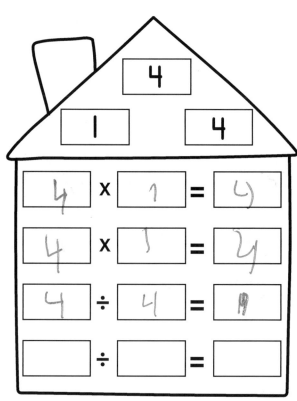

4

1   **4**

$4 \times 1 = 4$

$4 \times 1 = 4$

$4 \div 4 = 1$

$\div \quad =$

3

Fact Families

division and multiplication

Use the given numbers to form fact family equations

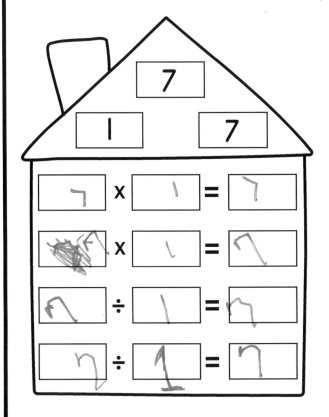

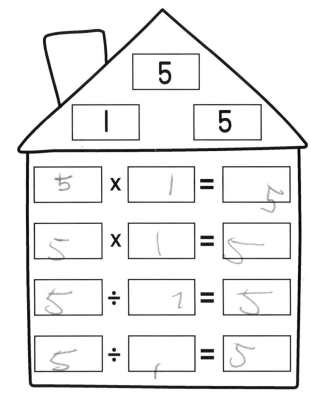

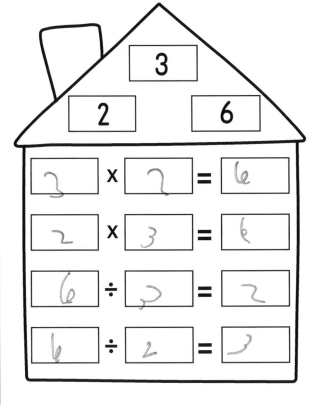

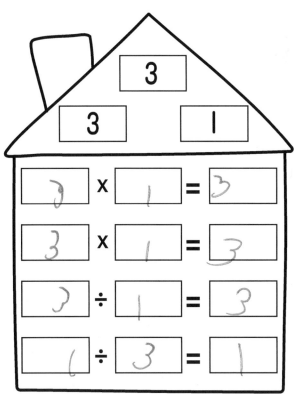

Fact Families

division and multiplication

Use the given numbers to form fact family equations

Box: 6

1   6

6 x 1 = 6

81 x 6 = 6

6 ÷ 1 = 6

6 ÷ 6 =

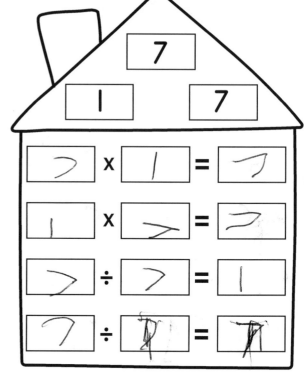

Box: 7

1   7

7 x 1 = 7

1 x 7 = 7

7 ÷ 7 = 1

7 ÷ 7 = 7

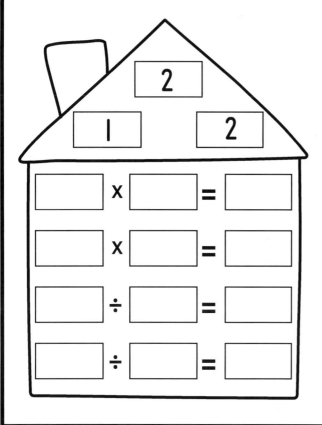

Box: 2

1   2

___ x ___ = ___

___ x ___ = ___

___ ÷ ___ = ___

___ ÷ ___ = ___

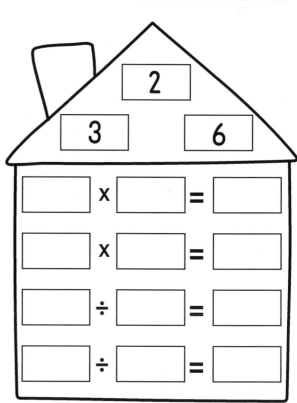

Box: 2

3   6

___ x ___ = ___

___ x ___ = ___

___ ÷ ___ = ___

___ ÷ ___ = ___

Fact Families | division and multiplication

Use the given numbers to form fact family equations

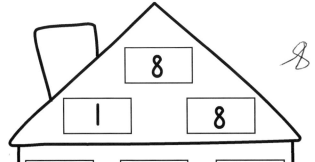

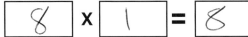

8 × 1 = 8

8 × 8 = 1

8 ÷ 1 = 8

8 ÷ 8 = 1

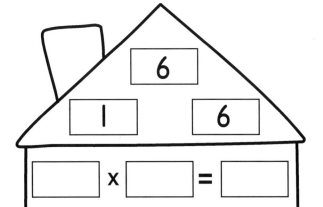

	x		=	
	x		=	
	÷		=	
	÷		=	

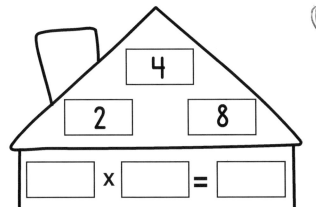

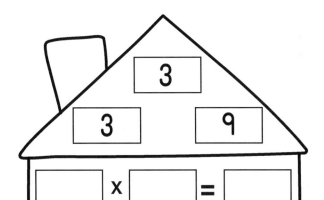

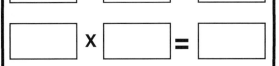

6

Use the given numbers to form fact family equations

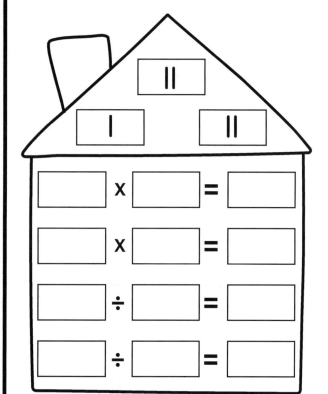

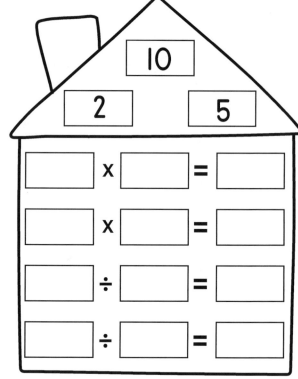

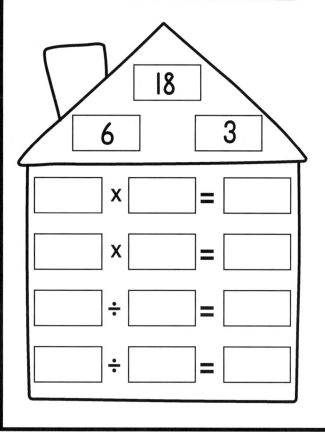

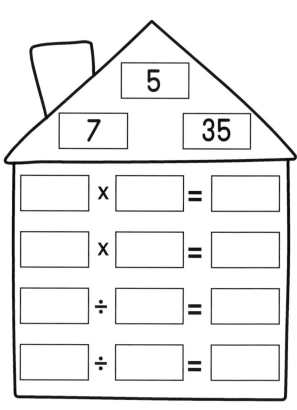

7

Fact Families

division and multiplication

Use the given numbers to form fact family equations

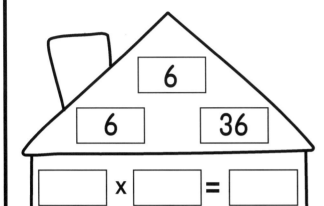

6

6   36

	x		=	
	x		=	
	÷		=	
	÷		=	

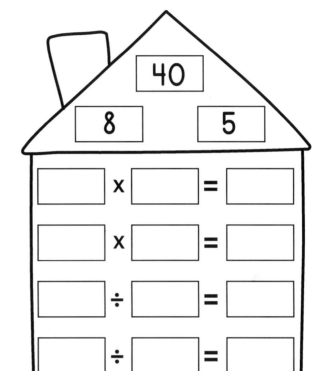

40

8   5

	x		=	
	x		=	
	÷		=	
	÷		=	

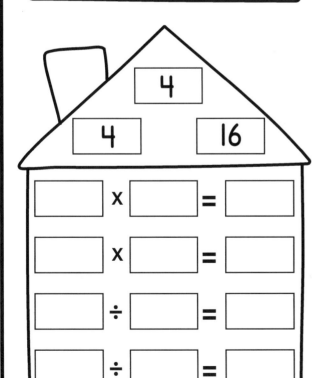

4

4   16

	x		=	
	x		=	
	÷		=	
	÷		=	

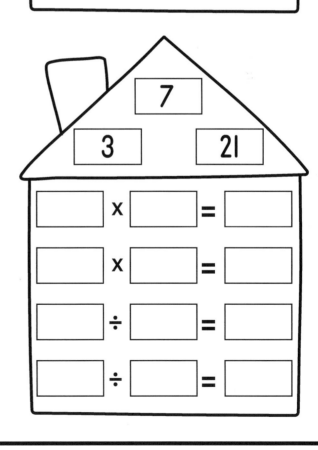

7

3   21

	x		=	
	x		=	
	÷		=	
	÷		=	

Fact Families

Use the given numbers to form fact family equations

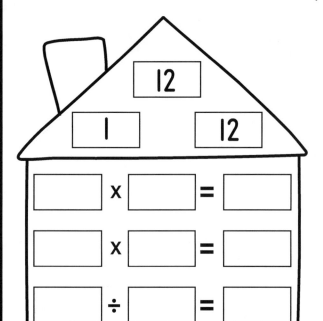

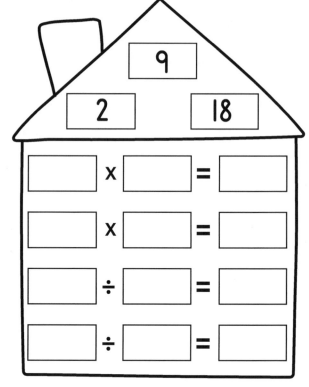

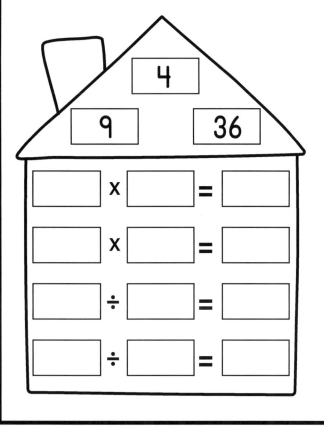

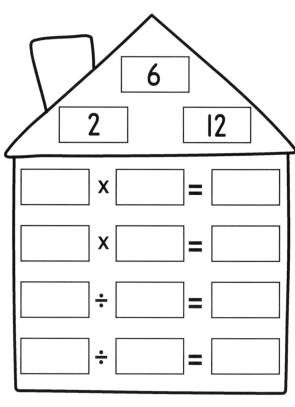

Fact Families | division and multiplication

Use the given numbers to form fact family equations

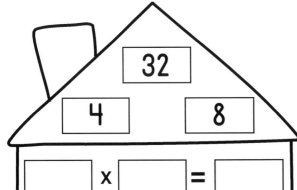

32

4   8

☐ x ☐ = ☐
☐ x ☐ = ☐
☐ ÷ ☐ = ☐
☐ ÷ ☐ = ☐

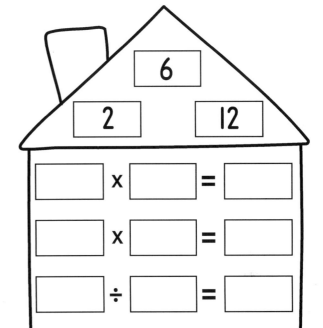

6

2   12

☐ x ☐ = ☐
☐ x ☐ = ☐
☐ ÷ ☐ = ☐
☐ ÷ ☐ = ☐

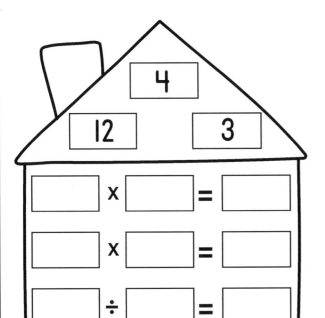

4

12   3

☐ x ☐ = ☐
☐ x ☐ = ☐
☐ ÷ ☐ = ☐
☐ ÷ ☐ = ☐

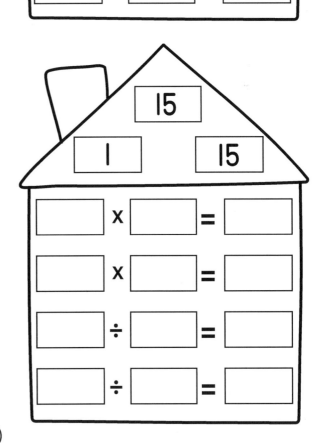

15

1   15

☐ x ☐ = ☐
☐ x ☐ = ☐
☐ ÷ ☐ = ☐
☐ ÷ ☐ = ☐

Fact Families | division and multiplication

Use the given numbers to form fact family equations

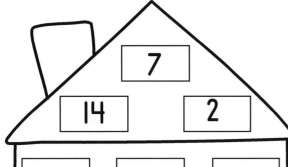

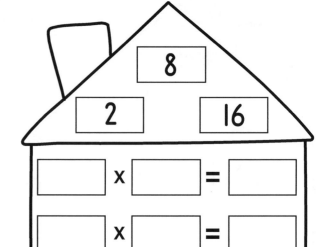

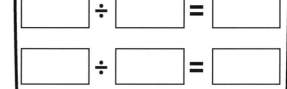

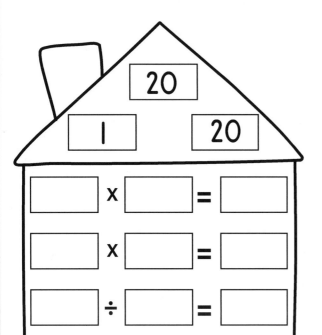

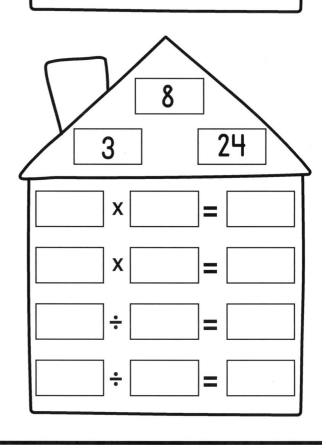

Fact Families

Use the given numbers to form fact
family equations

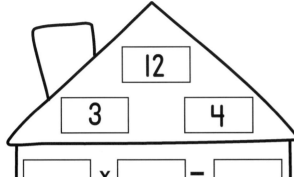

12

3   4

[ ] x [ ] = [ ]

[ ] x [ ] = [ ]

[ ] ÷ [ ] = [ ]

[ ] ÷ [ ] = [ ]

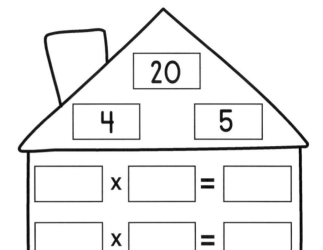

20

4   5

[ ] x [ ] = [ ]

[ ] x [ ] = [ ]

[ ] ÷ [ ] = [ ]

[ ] ÷ [ ] = [ ]

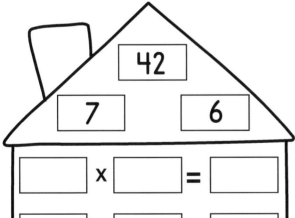

42

7   6

[ ] x [ ] = [ ]

[ ] x [ ] = [ ]

[ ] ÷ [ ] = [ ]

[ ] ÷ [ ] = [ ]

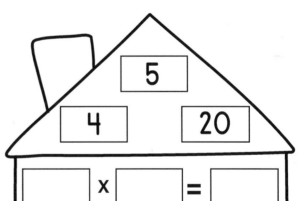

5

4   20

[ ] x [ ] = [ ]

[ ] x [ ] = [ ]

[ ] ÷ [ ] = [ ]

[ ] ÷ [ ] = [ ]

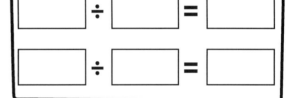

Fact Families

Use the given numbers to form fact family equations

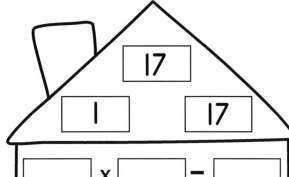

17

1   17

[ ] x [ ] = [ ]

[ ] x [ ] = [ ]

[ ] ÷ [ ] = [ ]

[ ] ÷ [ ] = [ ]

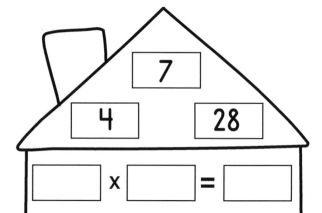

7

4   28

[ ] x [ ] = [ ]

[ ] x [ ] = [ ]

[ ] ÷ [ ] = [ ]

[ ] ÷ [ ] = [ ]

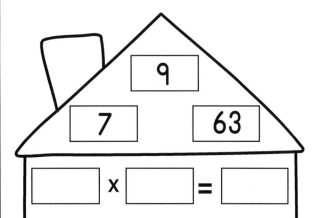

9

7   63

[ ] x [ ] = [ ]

[ ] x [ ] = [ ]

[ ] ÷ [ ] = [ ]

[ ] ÷ [ ] = [ ]

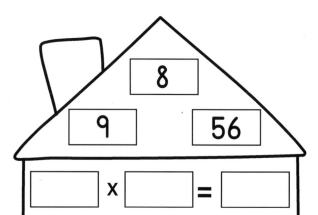

8

9   56

[ ] x [ ] = [ ]

[ ] x [ ] = [ ]

[ ] ÷ [ ] = [ ]

[ ] ÷ [ ] = [ ]

Fact Families

division and multiplication

Use the given numbers to form fact
family equations

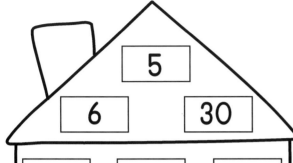

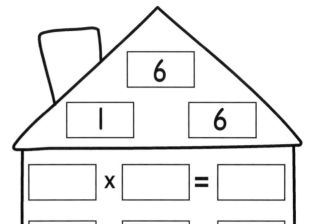

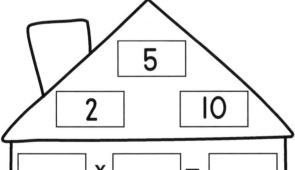

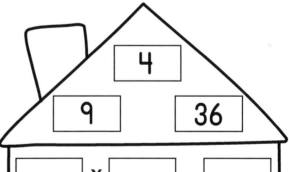

Fact Families

division and multiplication

Use the given numbers to form fact family equations

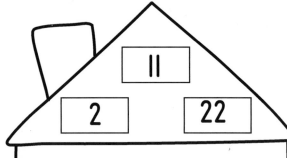

| 11 |
| 2 | 22 |

 ☐ x ☐ = ☐

 ☐ x ☐ = ☐

 ☐ ÷ ☐ = ☐

 ☐ ÷ ☐ = ☐

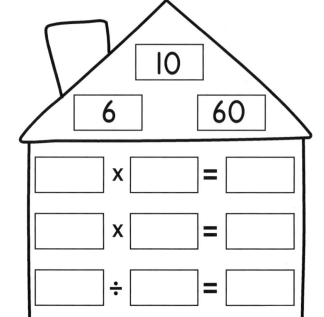

| 10 |
| 6 | 60 |

 ☐ x ☐ = ☐

 ☐ x ☐ = ☐

 ☐ ÷ ☐ = ☐

 ☐ ÷ ☐ = ☐

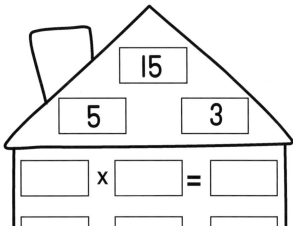

| 15 |
| 5 | 3 |

 ☐ x ☐ = ☐

 ☐ x ☐ = ☐

 ☐ ÷ ☐ = ☐

 ☐ ÷ ☐ = ☐

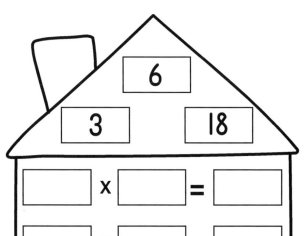

| 6 |
| 3 | 18 |

 ☐ x ☐ = ☐

 ☐ x ☐ = ☐

 ☐ ÷ ☐ = ☐

 ☐ ÷ ☐ = ☐

Use the given numbers to form fact
family equations

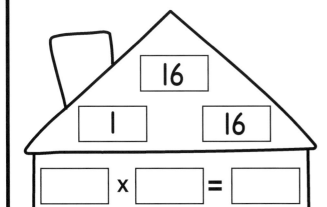

16

1   16

[ ] x [ ] = [ ]

[ ] x [ ] = [ ]

[ ] ÷ [ ] = [ ]

[ ] ÷ [ ] = [ ]

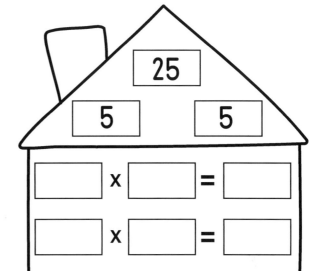

25

5   5

[ ] x [ ] = [ ]

[ ] x [ ] = [ ]

[ ] ÷ [ ] = [ ]

[ ] ÷ [ ] = [ ]

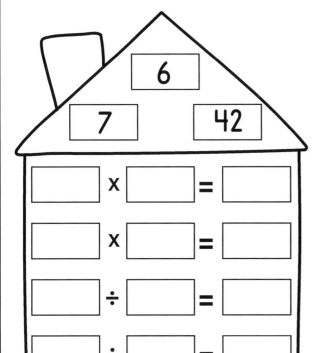

6

7   42

[ ] x [ ] = [ ]

[ ] x [ ] = [ ]

[ ] ÷ [ ] = [ ]

[ ] ÷ [ ] = [ ]

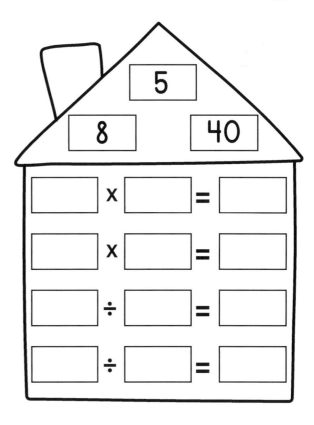

5

8   40

[ ] x [ ] = [ ]

[ ] x [ ] = [ ]

[ ] ÷ [ ] = [ ]

[ ] ÷ [ ] = [ ]

Fact Families | division and multiplication

Use the given numbers to form fact family equations

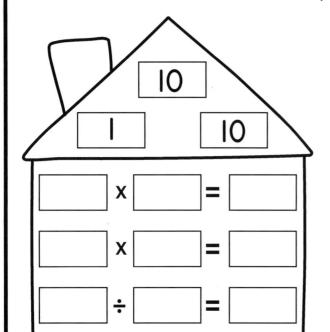

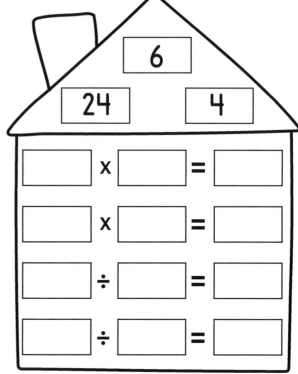

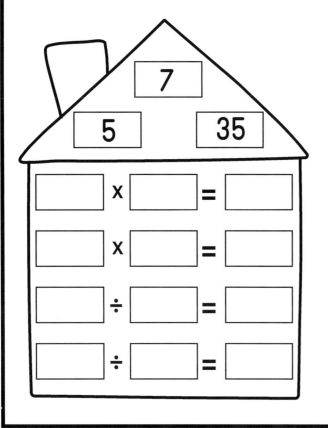

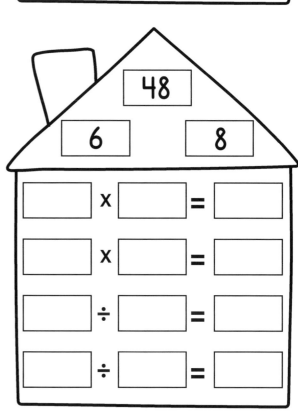

Fact Families | division and multiplication

Use the given numbers to form fact family equations

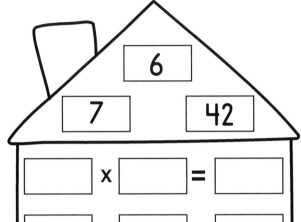

6
7   42

☐ x ☐ = ☐
☐ x ☐ = ☐
☐ ÷ ☐ = ☐
☐ ÷ ☐ = ☐

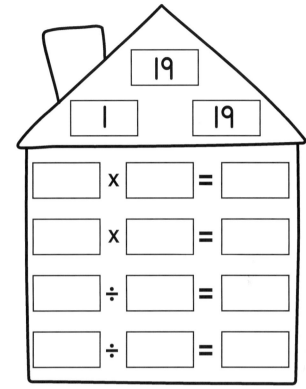

19
1   19

☐ x ☐ = ☐
☐ x ☐ = ☐
☐ ÷ ☐ = ☐
☐ ÷ ☐ = ☐

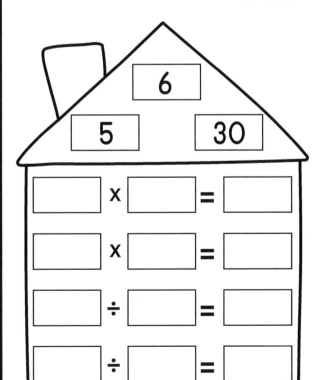

6
5   30

☐ x ☐ = ☐
☐ x ☐ = ☐
☐ ÷ ☐ = ☐
☐ ÷ ☐ = ☐

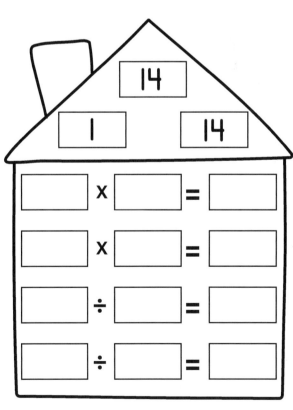

14
1   14

☐ x ☐ = ☐
☐ x ☐ = ☐
☐ ÷ ☐ = ☐
☐ ÷ ☐ = ☐

Fact Families | division and multiplication

Use the given numbers to form fact
family equations

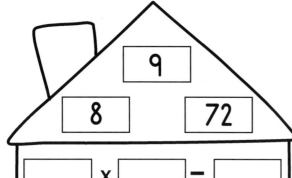

9
8   72

[ ] x [ ] = [ ]
[ ] x [ ] = [ ]
[ ] ÷ [ ] = [ ]
[ ] ÷ [ ] = [ ]

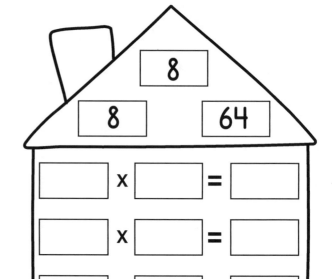

8
8   64

[ ] x [ ] = [ ]
[ ] x [ ] = [ ]
[ ] ÷ [ ] = [ ]
[ ] ÷ [ ] = [ ]

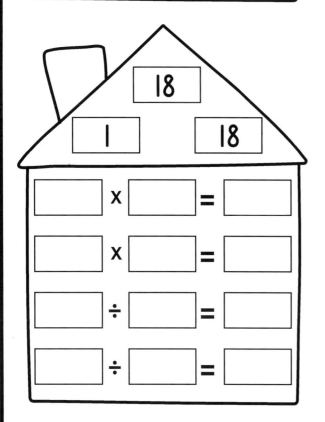

18
1   18

[ ] x [ ] = [ ]
[ ] x [ ] = [ ]
[ ] ÷ [ ] = [ ]
[ ] ÷ [ ] = [ ]

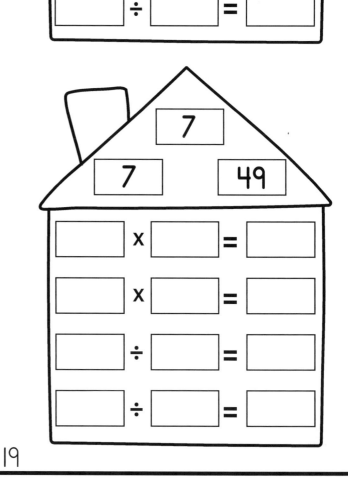

7
7   49

[ ] x [ ] = [ ]
[ ] x [ ] = [ ]
[ ] ÷ [ ] = [ ]
[ ] ÷ [ ] = [ ]

Fact Families

Use the given numbers to form fact family equations

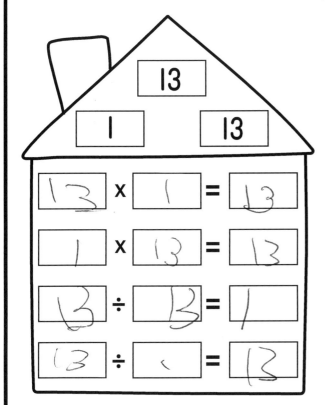

13
1   13

13 x 1 = 13
1 x 13 = 13
13 ÷ 13 = 1
13 ÷ ___ = 13

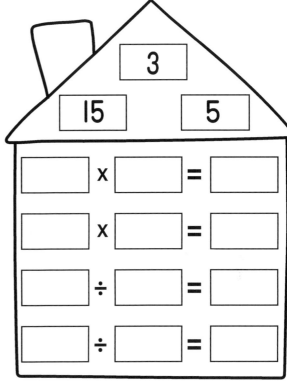

3
15   5

___ x ___ = ___
___ x ___ = ___
___ ÷ ___ = ___
___ ÷ ___ = ___

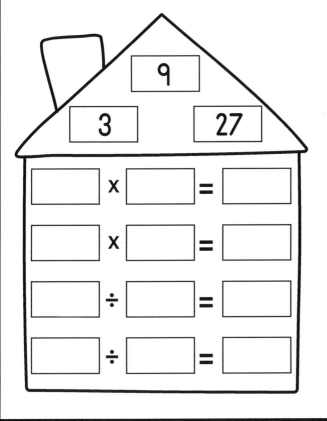

9
3   27

___ x ___ = ___
___ x ___ = ___
___ ÷ ___ = ___
___ ÷ ___ = ___

8
7   56

___ x ___ = ___
___ x ___ = ___
___ ÷ ___ = ___
___ ÷ ___ = ___

20

Fact Families | division and multiplication

Use the given numbers to form fact family equations

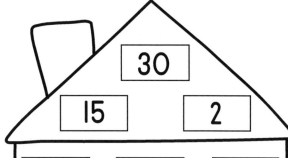

	x		=		
	x		=		
	÷		=		
	÷		=		

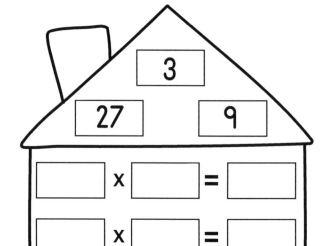

	x		=		
	x		=		
	÷		=		
	÷		=		

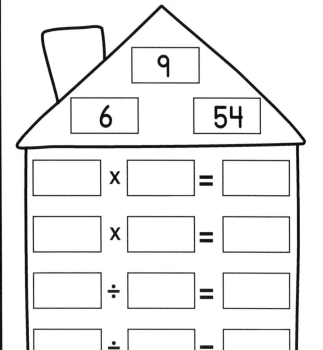

	x		=		
	x		=		
	÷		=		
	÷		=		

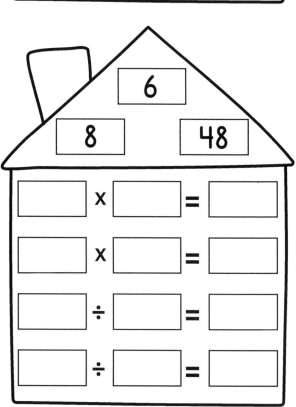

	x		=		
	x		=		
	÷		=		
	÷		=		

Fact Families

division and multiplication

Use the given numbers to form fact family equations

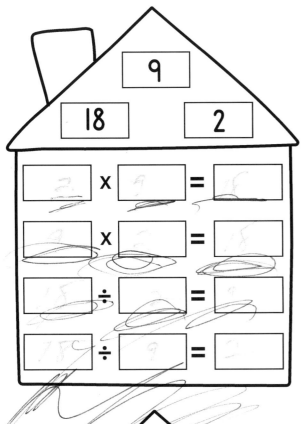

$$9$$
$$18 \quad 2$$

$$2 \times 9 = \square$$
$$\square \times \square = \square$$
$$\square \div \square = \square$$
$$\square \div 9 = \square$$

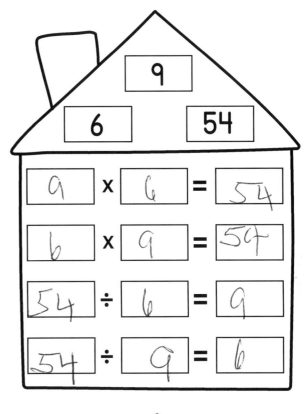

$$9$$
$$6 \quad 54$$

$$9 \times 6 = 54$$
$$6 \times 9 = 54$$
$$54 \div 6 = 9$$
$$54 \div 9 = 6$$

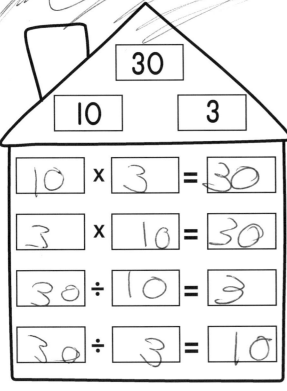

$$30$$
$$10 \quad 3$$

$$10 \times 3 = 30$$
$$3 \times 10 = 30$$
$$30 \div 10 = 3$$
$$30 \div 3 = 10$$

$$8$$
$$9 \quad 72$$

$$9 \times 8 = 72$$
$$8 \times 9 = 72$$
$$72 \div 8 = 9$$
$$72 \div 9 = 8$$

22

Fact Families

Use the given numbers to form fact family equations

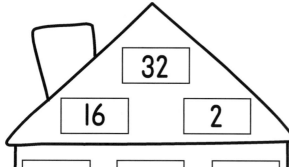

32 | **16** | **2**

☐ x ☐ = ☐

☐ x ☐ = ☐

☐ ÷ ☐ = ☐

☐ ÷ ☐ = ☐

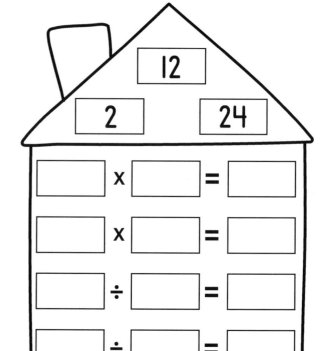

12 | **2** | **24**

☐ x ☐ = ☐

☐ x ☐ = ☐

☐ ÷ ☐ = ☐

☐ ÷ ☐ = ☐

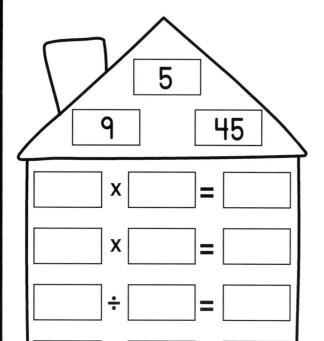

5 | **9** | **45**

☐ x ☐ = ☐

☐ x ☐ = ☐

☐ ÷ ☐ = ☐

☐ ÷ ☐ = ☐

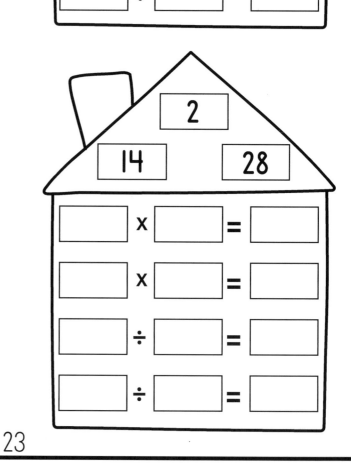

2 | **14** | **28**

☐ x ☐ = ☐

☐ x ☐ = ☐

☐ ÷ ☐ = ☐

☐ ÷ ☐ = ☐

Fact Families | division and multiplication

Use the given numbers to form fact family equations

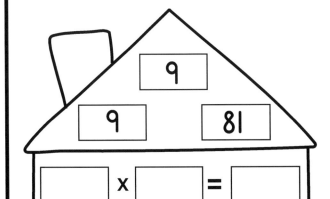

		x		=	
		x		=	
		÷		=	
		÷		=	

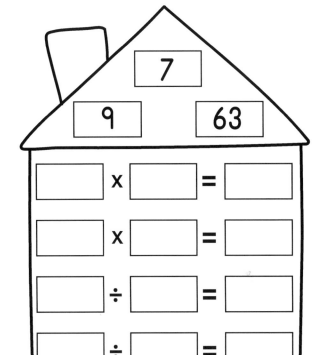

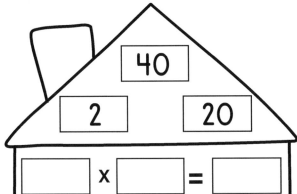

Fact Families

division and multiplication

Use the given numbers to form fact family equations

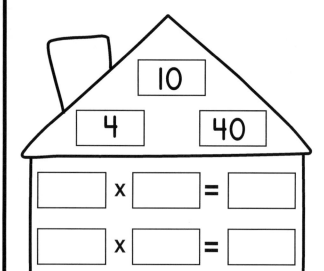

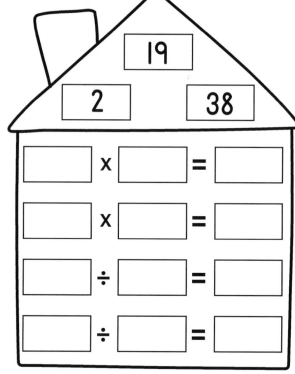

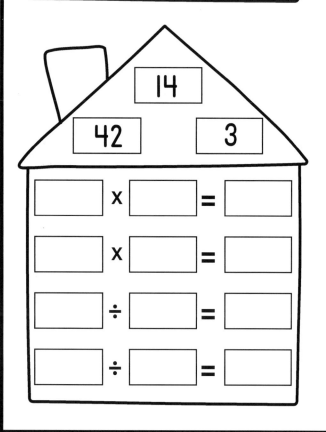

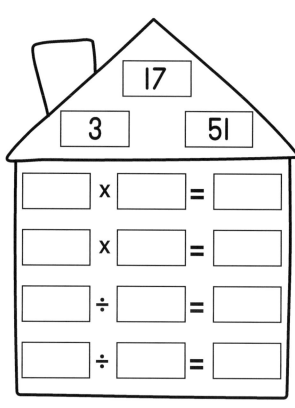

Fact Families | division and multiplication

Use the given numbers to form fact family equations

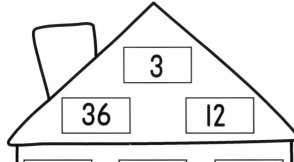

□ x □ = □

□ x □ = □

□ ÷ □ = □

□ ÷ □ = □

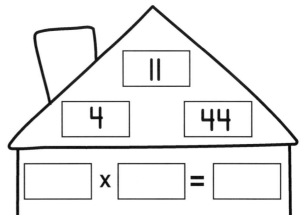

□ x □ = □

□ x □ = □

□ ÷ □ = □

□ ÷ □ = □

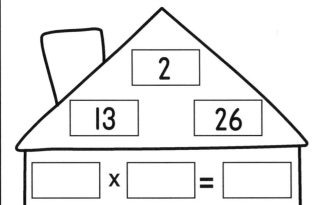

□ x □ = □

□ x □ = □

□ ÷ □ = □

□ ÷ □ = □

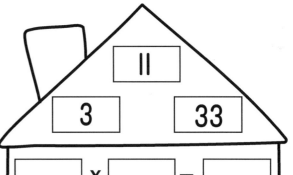

□ x □ = □

□ x □ = □

□ ÷ □ = □

□ ÷ □ = □

Fact Families

Use the given numbers to form fact family equations

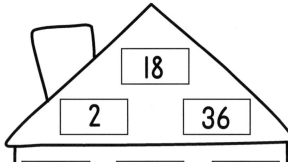

18   2   36

☐	x	☐	=	☐
☐	x	☐	=	☐
☐	÷	☐	=	☐
☐	÷	☐	=	☐

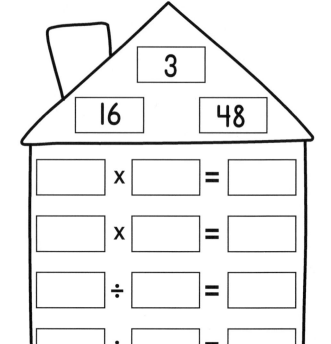

3   16   48

☐	x	☐	=	☐
☐	x	☐	=	☐
☐	÷	☐	=	☐
☐	÷	☐	=	☐

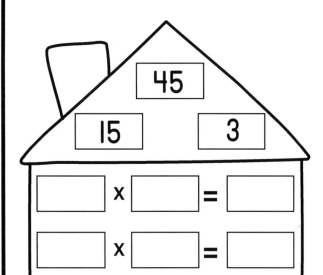

45   15   3

☐	x	☐	=	☐
☐	x	☐	=	☐
☐	÷	☐	=	☐
☐	÷	☐	=	☐

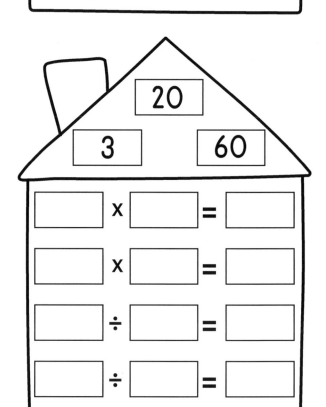

20   3   60

☐	x	☐	=	☐
☐	x	☐	=	☐
☐	÷	☐	=	☐
☐	÷	☐	=	☐

Fact Families | division and multiplication

Use the given numbers to form fact family equations

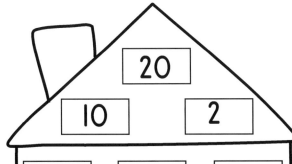

House 1: 20 / 10 / 2

	x		=	
	x		=	
	÷		=	
	÷		=	

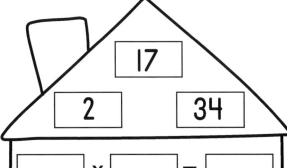

House 2: 17 / 2 / 34

	x		=	
	x		=	
	÷		=	
	÷		=	

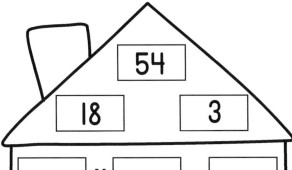

House 3: 54 / 18 / 3

	x		=	
	x		=	
	÷		=	
	÷		=	

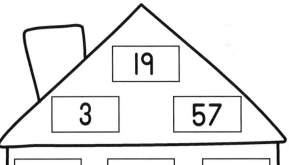

House 4: 19 / 3 / 57

	x		=	
	x		=	
	÷		=	
	÷		=	

Fact Families | division and multiplication

Use the given numbers to form fact family equations

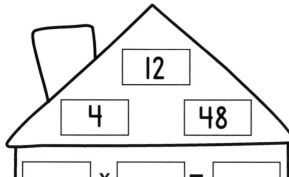

12
4   48

☐	x	☐	=	☐
☐	x	☐	=	☐
☐	÷	☐	=	☐
☐	÷	☐	=	☐

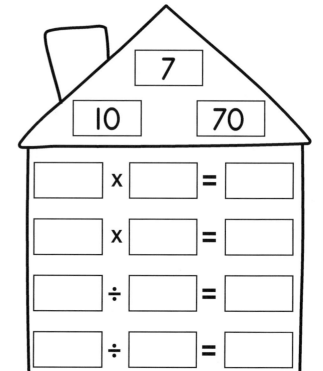

7
10   70

☐	x	☐	=	☐
☐	x	☐	=	☐
☐	÷	☐	=	☐
☐	÷	☐	=	☐

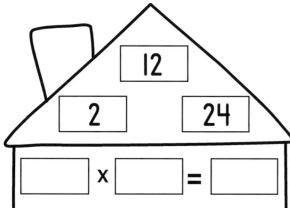

12
2   24

☐	x	☐	=	☐
☐	x	☐	=	☐
☐	÷	☐	=	☐
☐	÷	☐	=	☐

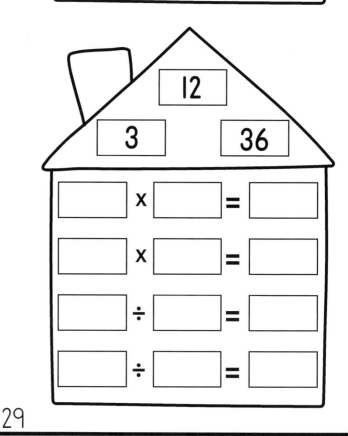

12
3   36

☐	x	☐	=	☐
☐	x	☐	=	☐
☐	÷	☐	=	☐
☐	÷	☐	=	☐

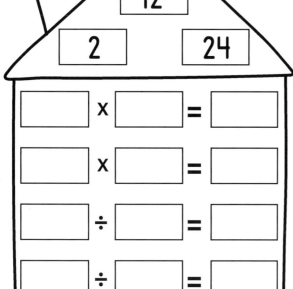

Fact Families

division and multiplication

Use the given numbers to form fact family equations

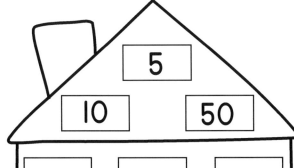

5
10   50

☐ x ☐ = ☐
☐ x ☐ = ☐
☐ ÷ ☐ = ☐
☐ ÷ ☐ = ☐

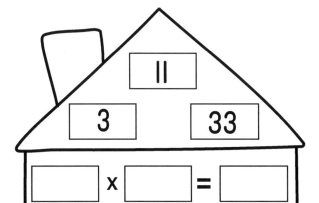

11
3   33

☐ x ☐ = ☐
☐ x ☐ = ☐
☐ ÷ ☐ = ☐
☐ ÷ ☐ = ☐

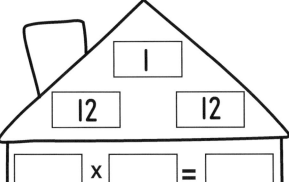

1
12   12

☐ x ☐ = ☐
☐ x ☐ = ☐
☐ ÷ ☐ = ☐
☐ ÷ ☐ = ☐

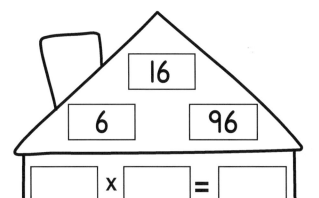

16
6   96

☐ x ☐ = ☐
☐ x ☐ = ☐
☐ ÷ ☐ = ☐
☐ ÷ ☐ = ☐

Fact Families

Use the given numbers to form fact family equations

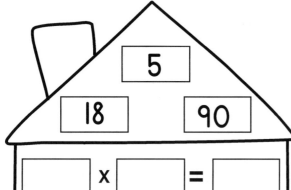

5

18   90

$\boxed{}$ x $\boxed{}$ = $\boxed{}$

$\boxed{}$ x $\boxed{}$ = $\boxed{}$

$\boxed{}$ ÷ $\boxed{}$ = $\boxed{}$

$\boxed{}$ ÷ $\boxed{}$ = $\boxed{}$

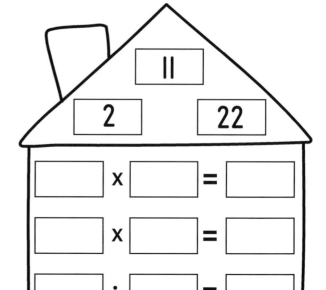

11

2   22

$\boxed{}$ x $\boxed{}$ = $\boxed{}$

$\boxed{}$ x $\boxed{}$ = $\boxed{}$

$\boxed{}$ ÷ $\boxed{}$ = $\boxed{}$

$\boxed{}$ ÷ $\boxed{}$ = $\boxed{}$

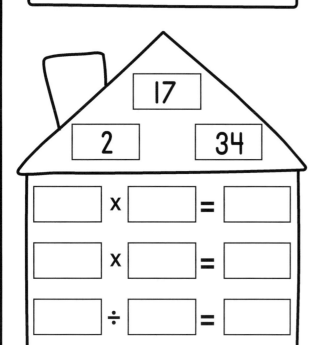

17

2   34

$\boxed{}$ x $\boxed{}$ = $\boxed{}$

$\boxed{}$ x $\boxed{}$ = $\boxed{}$

$\boxed{}$ ÷ $\boxed{}$ = $\boxed{}$

$\boxed{}$ ÷ $\boxed{}$ = $\boxed{}$

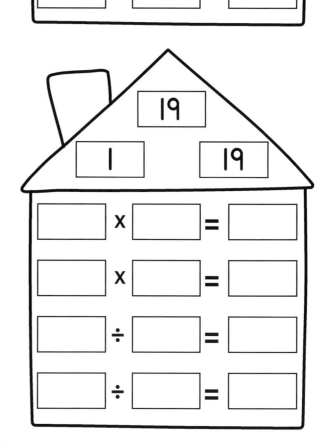

19

1   19

$\boxed{}$ x $\boxed{}$ = $\boxed{}$

$\boxed{}$ x $\boxed{}$ = $\boxed{}$

$\boxed{}$ ÷ $\boxed{}$ = $\boxed{}$

$\boxed{}$ ÷ $\boxed{}$ = $\boxed{}$

Fact Families | division and multiplication

Use the given numbers to form fact family equations

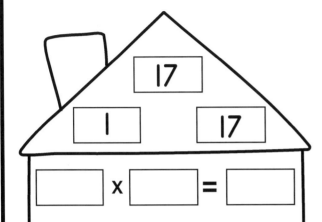

17

1   17

☐ x ☐ = ☐

☐ x ☐ = ☐

☐ ÷ ☐ = ☐

☐ ÷ ☐ = ☐

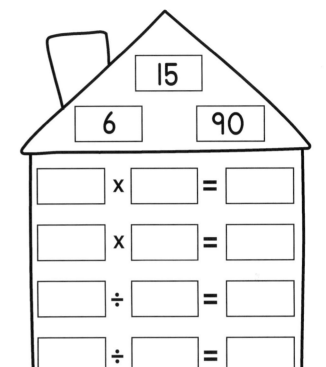

15

6   90

☐ x ☐ = ☐

☐ x ☐ = ☐

☐ ÷ ☐ = ☐

☐ ÷ ☐ = ☐

12

2   24

☐ x ☐ = ☐

☐ x ☐ = ☐

☐ ÷ ☐ = ☐

☐ ÷ ☐ = ☐

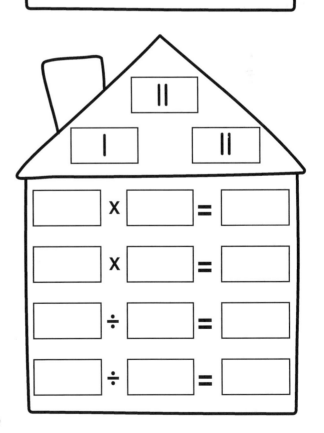

11

1   11

☐ x ☐ = ☐

☐ x ☐ = ☐

☐ ÷ ☐ = ☐

☐ ÷ ☐ = ☐

Fact Families

division and multiplication

Use the given numbers to form fact family equations

13
52   4

☐ x ☐ = ☐
☐ x ☐ = ☐
☐ ÷ ☐ = ☐
☐ ÷ ☐ = ☐

14
5   70

☐ x ☐ = ☐
☐ x ☐ = ☐
☐ ÷ ☐ = ☐
☐ ÷ ☐ = ☐

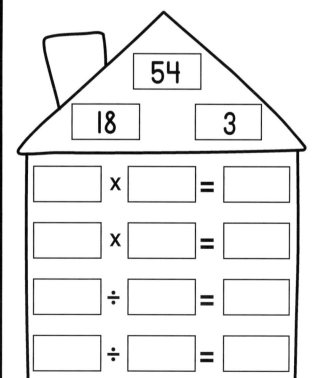

54
18   3

☐ x ☐ = ☐
☐ x ☐ = ☐
☐ ÷ ☐ = ☐
☐ ÷ ☐ = ☐

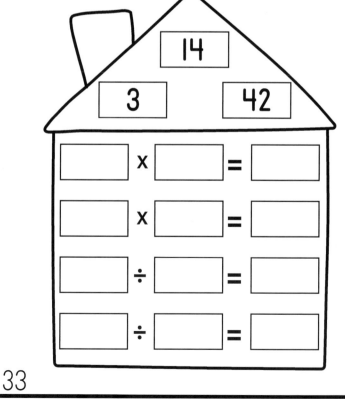

14
3   42

☐ x ☐ = ☐
☐ x ☐ = ☐
☐ ÷ ☐ = ☐
☐ ÷ ☐ = ☐

Fact Families

Use the given numbers to form fact
family equations

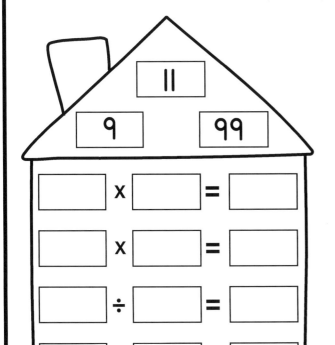

11
9   99

___ x ___ = ___
___ x ___ = ___
___ ÷ ___ = ___
___ ÷ ___ = ___

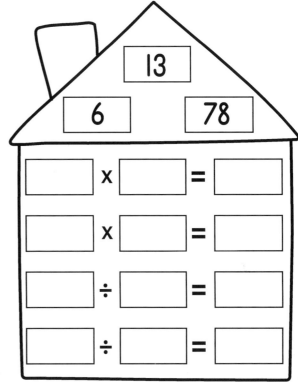

13
6   78

___ x ___ = ___
___ x ___ = ___
___ ÷ ___ = ___
___ ÷ ___ = ___

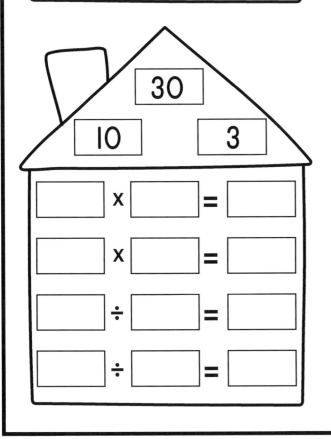

30
10   3

___ x ___ = ___
___ x ___ = ___
___ ÷ ___ = ___
___ ÷ ___ = ___

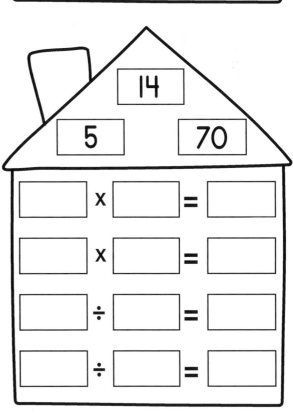

14
5   70

___ x ___ = ___
___ x ___ = ___
___ ÷ ___ = ___
___ ÷ ___ = ___

Fact Families
division and multiplication

Use the given numbers to form fact family equations

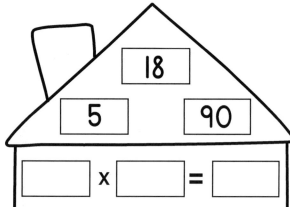

18

5   90

☐ x ☐	=	☐
☐ x ☐	=	☐
☐ ÷ ☐	=	☐
☐ ÷ ☐	=	☐

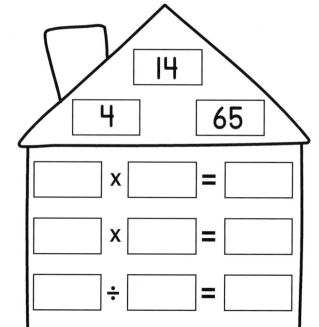

14

4   65

☐ x ☐	=	☐
☐ x ☐	=	☐
☐ ÷ ☐	=	☐
☐ ÷ ☐	=	☐

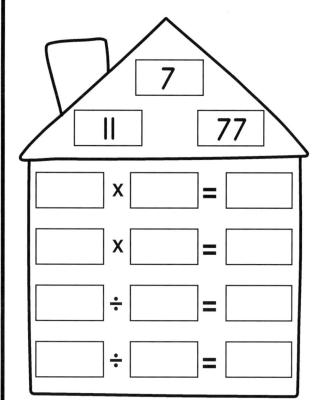

7

11   77

☐ x ☐	=	☐
☐ x ☐	=	☐
☐ ÷ ☐	=	☐
☐ ÷ ☐	=	☐

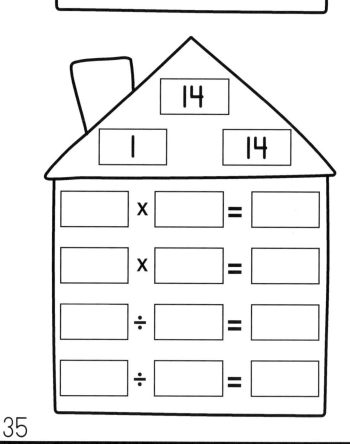

14

1   14

☐ x ☐	=	☐
☐ x ☐	=	☐
☐ ÷ ☐	=	☐
☐ ÷ ☐	=	☐

Fact Families | division and multiplication

Use the given numbers to form fact family equations

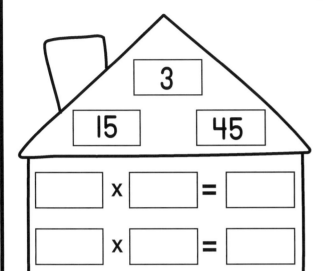

3

15   45

☐ x ☐ = ☐

☐ x ☐ = ☐

☐ ÷ ☐ = ☐

☐ ÷ ☐ = ☐

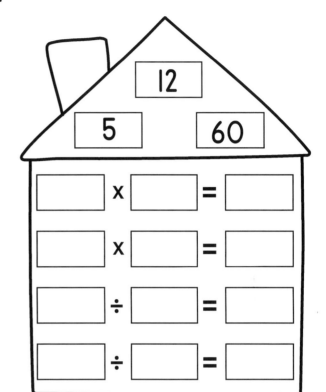

12

5   60

☐ x ☐ = ☐

☐ x ☐ = ☐

☐ ÷ ☐ = ☐

☐ ÷ ☐ = ☐

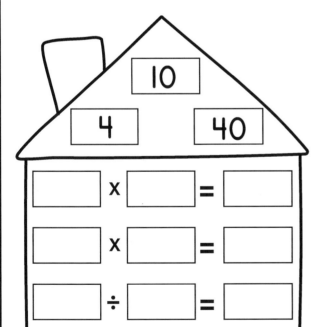

10

4   40

☐ x ☐ = ☐

☐ x ☐ = ☐

☐ ÷ ☐ = ☐

☐ ÷ ☐ = ☐

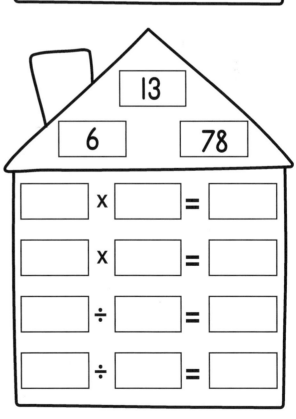

13

6   78

☐ x ☐ = ☐

☐ x ☐ = ☐

☐ ÷ ☐ = ☐

☐ ÷ ☐ = ☐

Use the given numbers to form fact
family equations

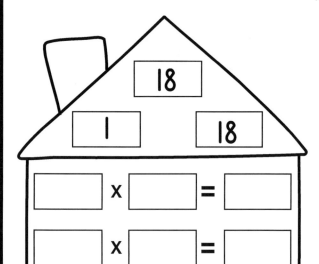

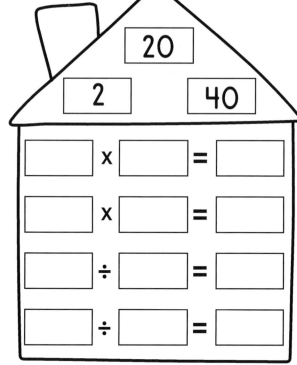

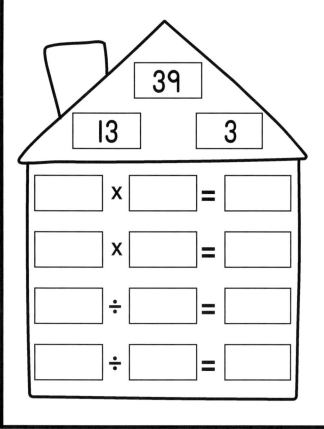

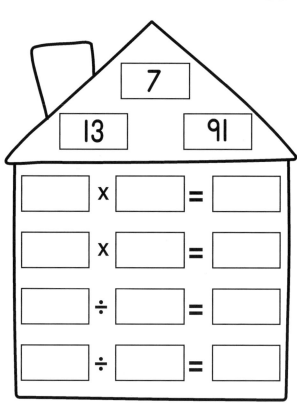

Use the given numbers to form fact
family equations

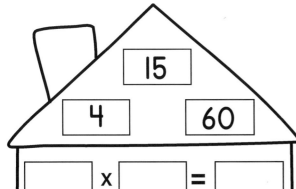

15
4   60

☐ x ☐ = ☐
☐ x ☐ = ☐
☐ ÷ ☐ = ☐
☐ ÷ ☐ = ☐

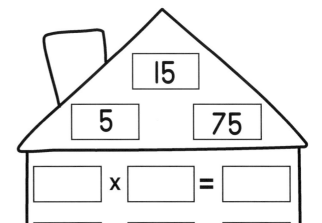

15
5   75

☐ x ☐ = ☐
☐ x ☐ = ☐
☐ ÷ ☐ = ☐
☐ ÷ ☐ = ☐

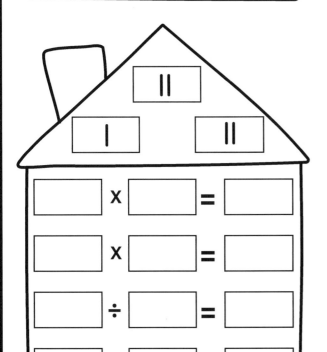

11
1   11

☐ x ☐ = ☐
☐ x ☐ = ☐
☐ ÷ ☐ = ☐
☐ ÷ ☐ = ☐

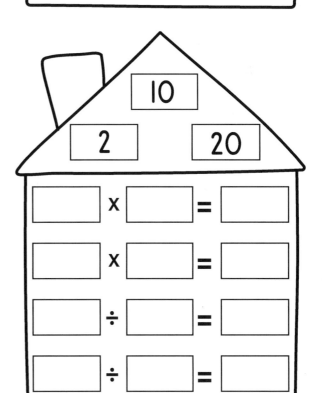

10
2   20

☐ x ☐ = ☐
☐ x ☐ = ☐
☐ ÷ ☐ = ☐
☐ ÷ ☐ = ☐

Fact Families

Use the given numbers to form fact family equations

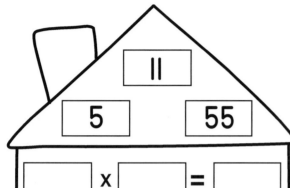

11
5   55

☐ x ☐ = ☐
☐ x ☐ = ☐
☐ ÷ ☐ = ☐
☐ ÷ ☐ = ☐

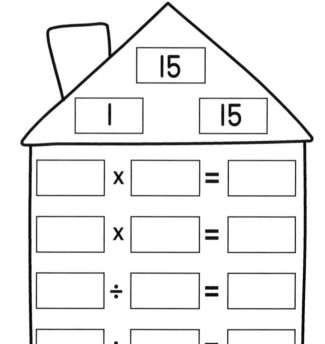

15
1   15

☐ x ☐ = ☐
☐ x ☐ = ☐
☐ ÷ ☐ = ☐
☐ ÷ ☐ = ☐

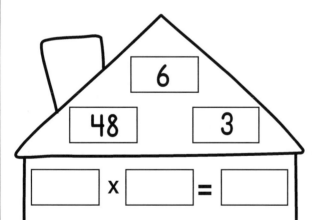

6
48   3

☐ x ☐ = ☐
☐ x ☐ = ☐
☐ ÷ ☐ = ☐
☐ ÷ ☐ = ☐

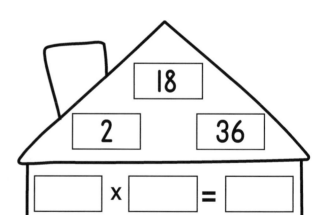

18
2   36

☐ x ☐ = ☐
☐ x ☐ = ☐
☐ ÷ ☐ = ☐
☐ ÷ ☐ = ☐

Fact Families

division and multiplication

Use the given numbers to form fact family equations

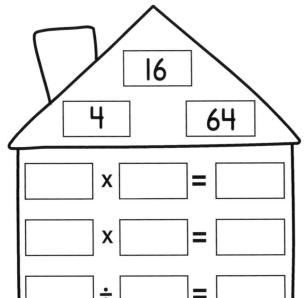

16
4   64

☐ x ☐ = ☐
☐ x ☐ = ☐
☐ ÷ ☐ = ☐
☐ ÷ ☐ = ☐

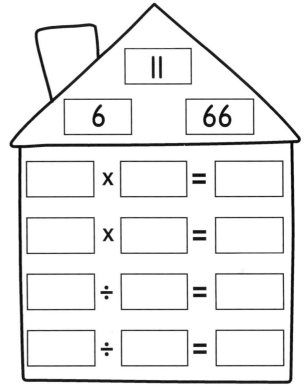

11
6   66

☐ x ☐ = ☐
☐ x ☐ = ☐
☐ ÷ ☐ = ☐
☐ ÷ ☐ = ☐

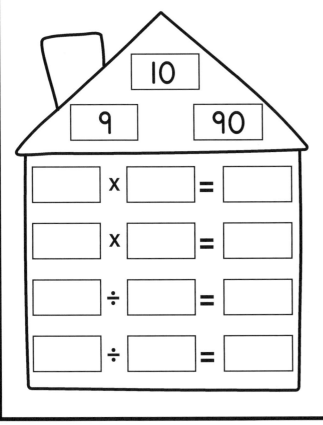

10
9   90

☐ x ☐ = ☐
☐ x ☐ = ☐
☐ ÷ ☐ = ☐
☐ ÷ ☐ = ☐

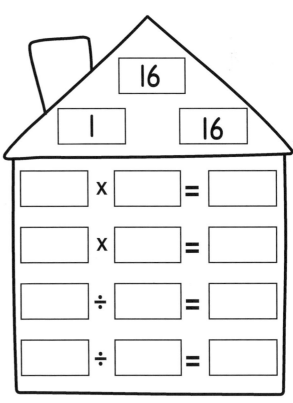

16
1   16

☐ x ☐ = ☐
☐ x ☐ = ☐
☐ ÷ ☐ = ☐
☐ ÷ ☐ = ☐

Fact Families

Use the given numbers to form fact family equations

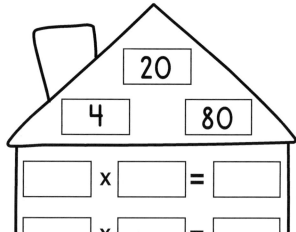

20

4   80

☐ x ☐ = ☐

☐ x ☐ = ☐

☐ ÷ ☐ = ☐

☐ ÷ ☐ = ☐

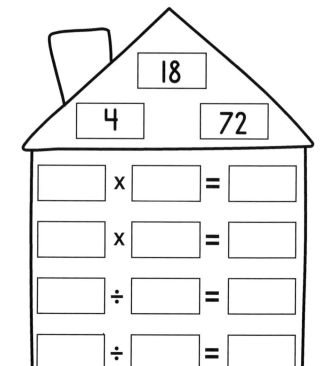

18

4   72

☐ x ☐ = ☐

☐ x ☐ = ☐

☐ ÷ ☐ = ☐

☐ ÷ ☐ = ☐

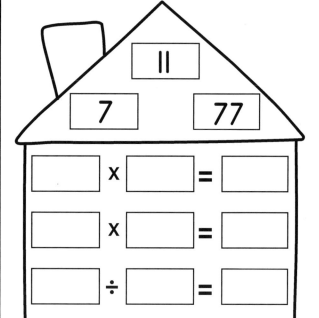

11

7   77

☐ x ☐ = ☐

☐ x ☐ = ☐

☐ ÷ ☐ = ☐

☐ ÷ ☐ = ☐

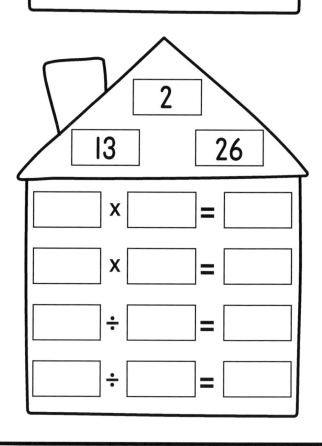

2

13   26

☐ x ☐ = ☐

☐ x ☐ = ☐

☐ ÷ ☐ = ☐

☐ ÷ ☐ = ☐

Fact Families | division and multiplication

Use the given numbers to form fact family equations

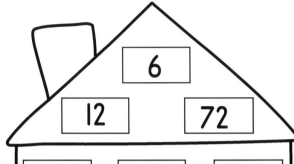

6

12   72

☐ x ☐ = ☐
☐ x ☐ = ☐
☐ ÷ ☐ = ☐
☐ ÷ ☐ = ☐

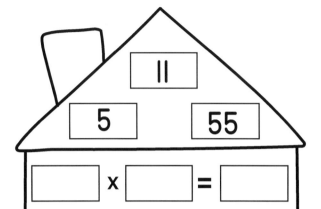

11

5   55

☐ x ☐ = ☐
☐ x ☐ = ☐
☐ ÷ ☐ = ☐
☐ ÷ ☐ = ☐

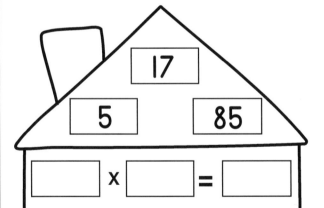

17

5   85

☐ x ☐ = ☐
☐ x ☐ = ☐
☐ ÷ ☐ = ☐
☐ ÷ ☐ = ☐

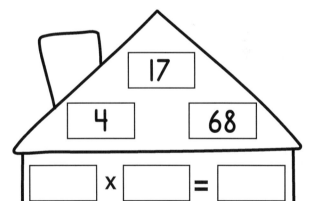

17

4   68

☐ x ☐ = ☐
☐ x ☐ = ☐
☐ ÷ ☐ = ☐
☐ ÷ ☐ = ☐

Fact Families | division and multiplication

Use the given numbers to form fact family equations

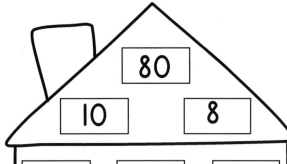

80

10   8

	x		=	
	x		=	
	÷		=	
	÷		=	

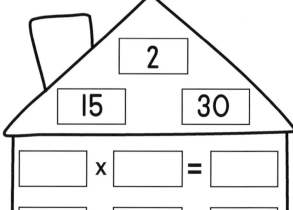

2

15   30

	x		=	
	x		=	
	÷		=	
	÷		=	

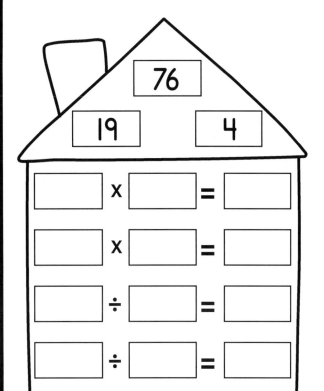

76

19   4

	x		=	
	x		=	
	÷		=	
	÷		=	

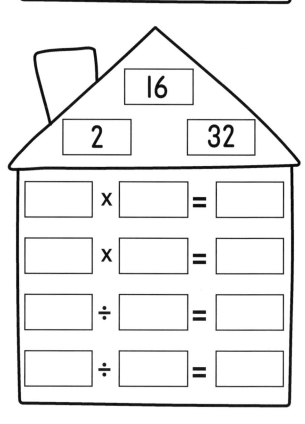

16

2   32

	x		=	
	x		=	
	÷		=	
	÷		=	

Fact Families | division and multiplication

Use the given numbers to form fact
family equations

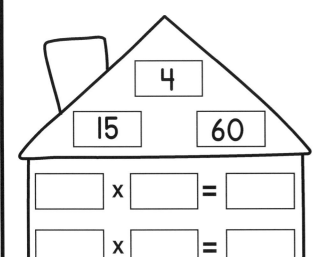

4 **15** **60**

☐	x	☐	=	☐
☐	x	☐	=	☐
☐	÷	☐	=	☐
☐	÷	☐	=	☐

4 **11** **44**

☐	x	☐	=	☐
☐	x	☐	=	☐
☐	÷	☐	=	☐
☐	÷	☐	=	☐

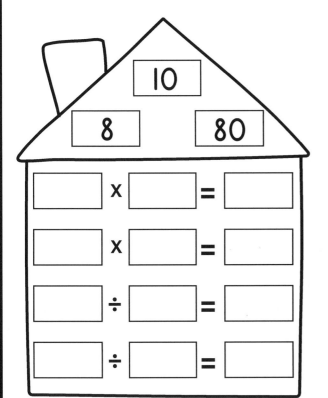

10 **8** **80**

☐	x	☐	=	☐
☐	x	☐	=	☐
☐	÷	☐	=	☐
☐	÷	☐	=	☐

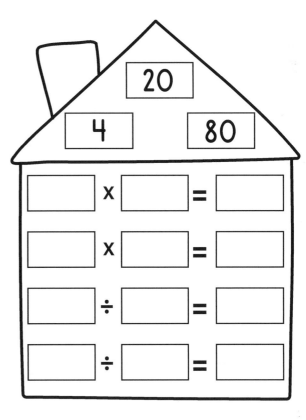

20 **4** **80**

☐	x	☐	=	☐
☐	x	☐	=	☐
☐	÷	☐	=	☐
☐	÷	☐	=	☐

Fact Families | division and multiplication

Use the given numbers to form fact family equations

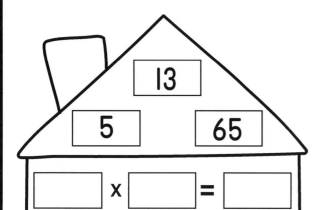

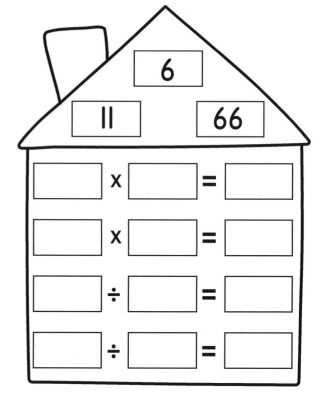

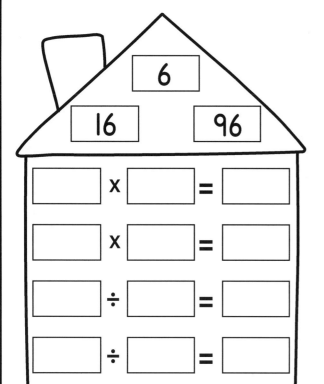

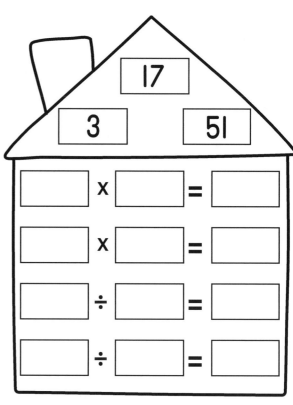

Fact Families

division and multiplication

Use the given numbers to form fact family equations

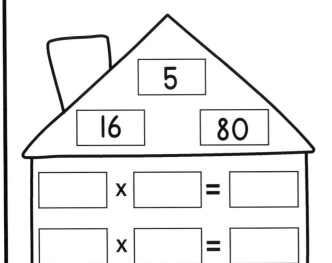

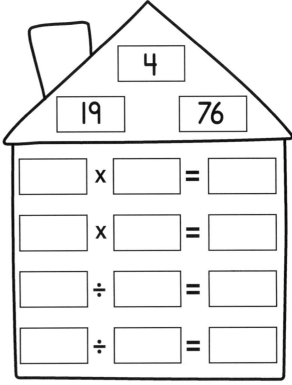

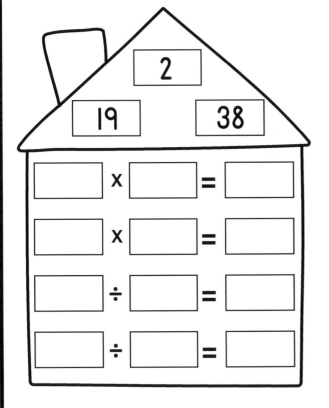

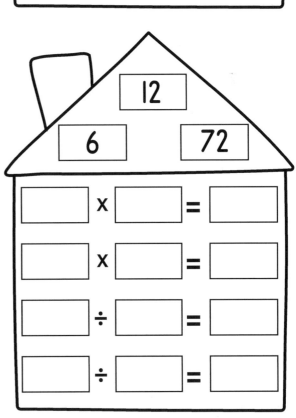

46

Fact Families | division and multiplication

Use the given numbers to form fact family equations

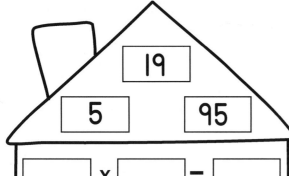

19

5   95

[ ] x [ ] = [ ]

[ ] x [ ] = [ ]

[ ] ÷ [ ] = [ ]

[ ] ÷ [ ] = [ ]

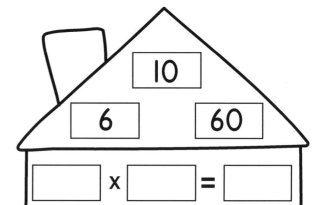

10

6   60

[ ] x [ ] = [ ]

[ ] x [ ] = [ ]

[ ] ÷ [ ] = [ ]

[ ] ÷ [ ] = [ ]

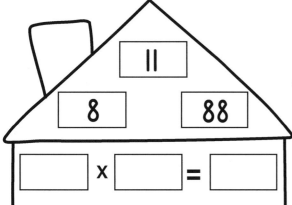

11

8   88

[ ] x [ ] = [ ]

[ ] x [ ] = [ ]

[ ] ÷ [ ] = [ ]

[ ] ÷ [ ] = [ ]

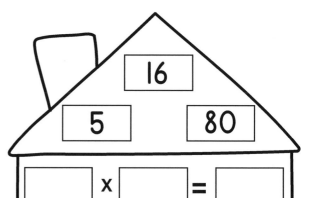

16

5   80

[ ] x [ ] = [ ]

[ ] x [ ] = [ ]

[ ] ÷ [ ] = [ ]

[ ] ÷ [ ] = [ ]

Fact Families | division and multiplication

Use the given numbers to form fact family equations

28

14   2

☐ x ☐ = ☐

☐ x ☐ = ☐

☐ ÷ ☐ = ☐

☐ ÷ ☐ = ☐

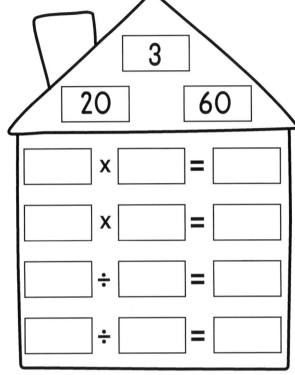

3

20   60

☐ x ☐ = ☐

☐ x ☐ = ☐

☐ ÷ ☐ = ☐

☐ ÷ ☐ = ☐

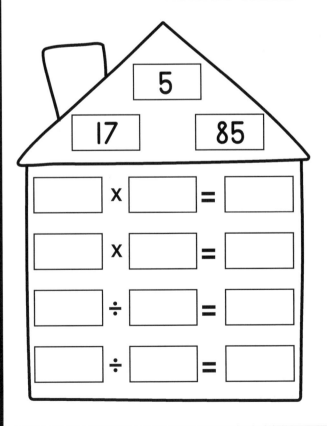

5

17   85

☐ x ☐ = ☐

☐ x ☐ = ☐

☐ ÷ ☐ = ☐

☐ ÷ ☐ = ☐

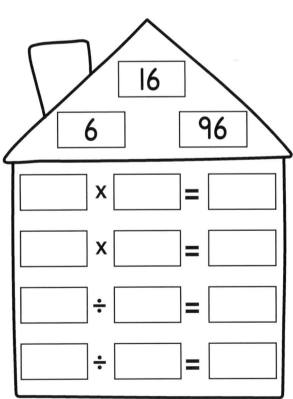

16

6   96

☐ x ☐ = ☐

☐ x ☐ = ☐

☐ ÷ ☐ = ☐

☐ ÷ ☐ = ☐

Fact Families | division and multiplication

Use the given numbers to form fact family equations

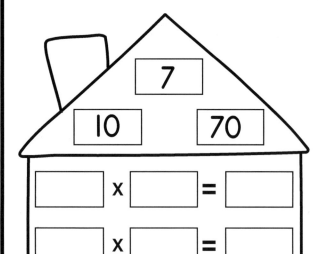

7

10   70

☐ x ☐ = ☐

☐ x ☐ = ☐

☐ ÷ ☐ = ☐

☐ ÷ ☐ = ☐

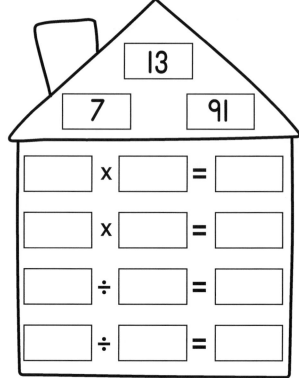

13

7   91

☐ x ☐ = ☐

☐ x ☐ = ☐

☐ ÷ ☐ = ☐

☐ ÷ ☐ = ☐

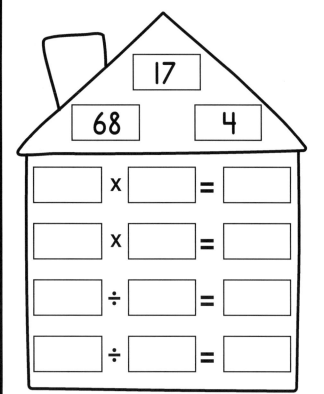

17

68   4

☐ x ☐ = ☐

☐ x ☐ = ☐

☐ ÷ ☐ = ☐

☐ ÷ ☐ = ☐

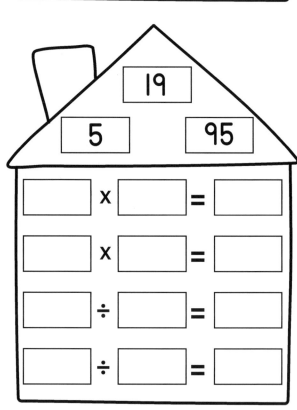

19

5   95

☐ x ☐ = ☐

☐ x ☐ = ☐

☐ ÷ ☐ = ☐

☐ ÷ ☐ = ☐

Fact Families

division and multiplication

Use the given numbers to form fact family equations

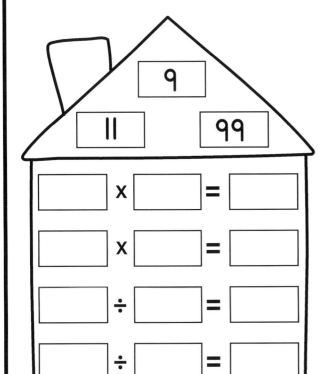

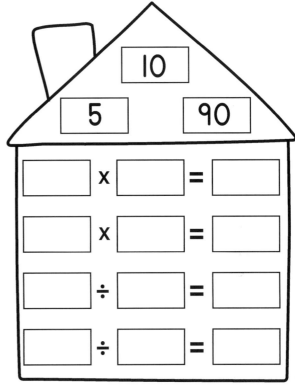

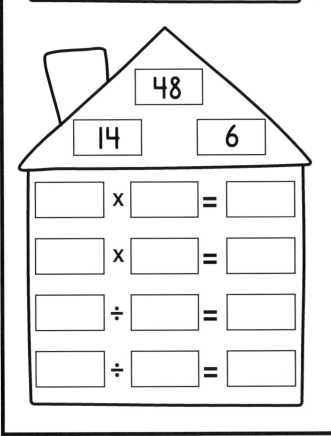

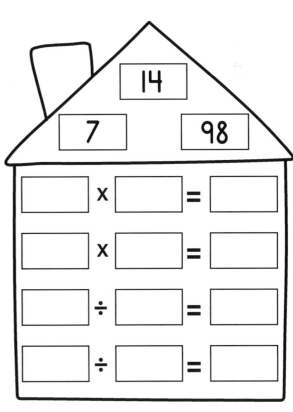

Fact Families

division and multiplication

Use the given numbers to form fact family equations

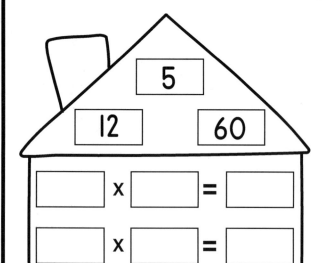

5

12   60

☐ x ☐ = ☐

☐ x ☐ = ☐

☐ ÷ ☐ = ☐

☐ ÷ ☐ = ☐

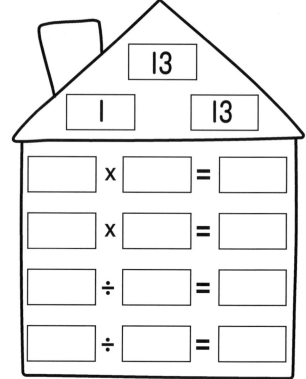

13

1   13

☐ x ☐ = ☐

☐ x ☐ = ☐

☐ ÷ ☐ = ☐

☐ ÷ ☐ = ☐

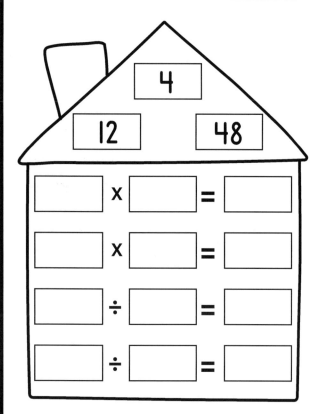

4

12   48

☐ x ☐ = ☐

☐ x ☐ = ☐

☐ ÷ ☐ = ☐

☐ ÷ ☐ = ☐

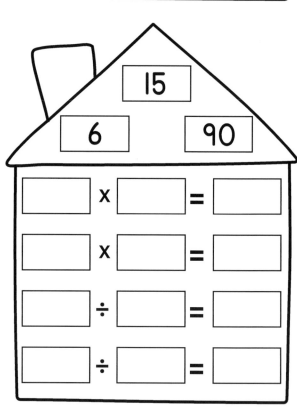

15

6   90

☐ x ☐ = ☐

☐ x ☐ = ☐

☐ ÷ ☐ = ☐

☐ ÷ ☐ = ☐

Fact Families

division and multiplication

Use the given numbers to form fact
family equations

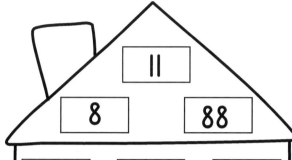

11

8   88

☐ x ☐ = ☐

☐ x ☐ = ☐

☐ ÷ ☐ = ☐

☐ ÷ ☐ = ☐

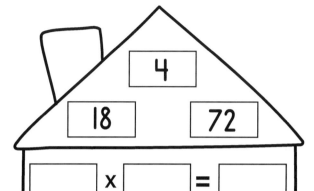

4

18   72

☐ x ☐ = ☐

☐ x ☐ = ☐

☐ ÷ ☐ = ☐

☐ ÷ ☐ = ☐

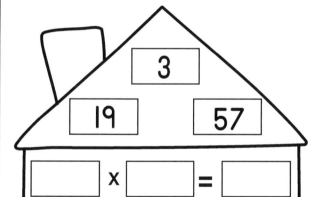

3

19   57

☐ x ☐ = ☐

☐ x ☐ = ☐

☐ ÷ ☐ = ☐

☐ ÷ ☐ = ☐

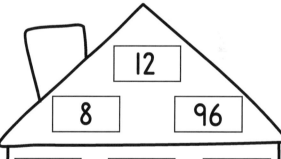

12

8   96

☐ x ☐ = ☐

☐ x ☐ = ☐

☐ ÷ ☐ = ☐

☐ ÷ ☐ = ☐

Use the given numbers to form fact family equations

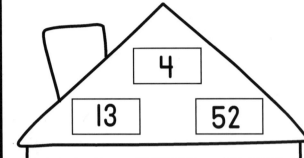

4

13   52

☐ x ☐ = ☐
☐ x ☐ = ☐
☐ ÷ ☐ = ☐
☐ ÷ ☐ = ☐

12

7   84

☐ x ☐ = ☐
☐ x ☐ = ☐
☐ ÷ ☐ = ☐
☐ ÷ ☐ = ☐

5

15   75

☐ x ☐ = ☐
☐ x ☐ = ☐
☐ ÷ ☐ = ☐
☐ ÷ ☐ = ☐

4

16   64

☐ x ☐ = ☐
☐ x ☐ = ☐
☐ ÷ ☐ = ☐
☐ ÷ ☐ = ☐

Fact Families

division and multiplication

Use the given numbers to form fact family equations

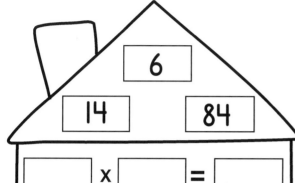

6
14   84

☐ x ☐ = ☐
☐ x ☐ = ☐
☐ ÷ ☐ = ☐
☐ ÷ ☐ = ☐

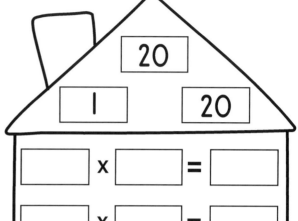

20
1   20

☐ x ☐ = ☐
☐ x ☐ = ☐
☐ ÷ ☐ = ☐
☐ ÷ ☐ = ☐

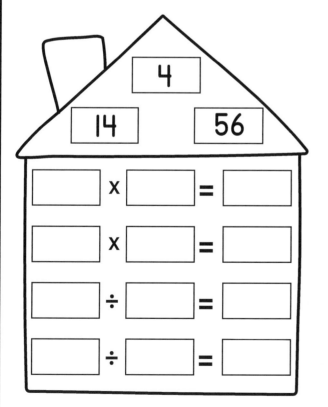

4
14   56

☐ x ☐ = ☐
☐ x ☐ = ☐
☐ ÷ ☐ = ☐
☐ ÷ ☐ = ☐

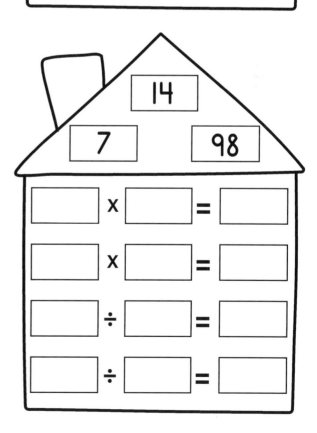

14
7   98

☐ x ☐ = ☐
☐ x ☐ = ☐
☐ ÷ ☐ = ☐
☐ ÷ ☐ = ☐

Fact Families

division and multiplication

Use the given numbers to form fact family equations

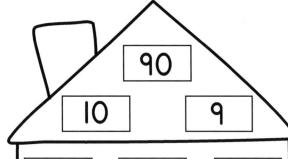

90, 10, 9

___ x ___ = ___

___ x ___ = ___

___ ÷ ___ = ___

___ ÷ ___ = ___

13, 5, 65

___ x ___ = ___

___ x ___ = ___

___ ÷ ___ = ___

___ ÷ ___ = ___

3, 11, 33

___ x ___ = ___

___ x ___ = ___

___ ÷ ___ = ___

___ ÷ ___ = ___

7, 12, 84

___ x ___ = ___

___ x ___ = ___

___ ÷ ___ = ___

___ ÷ ___ = ___

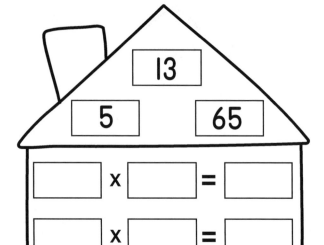

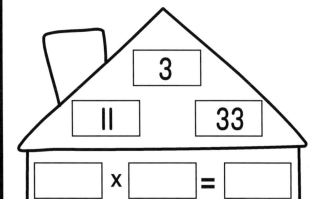

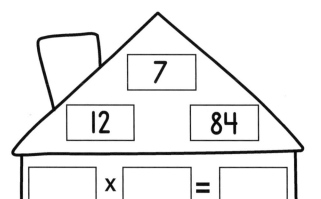

Fact Families

division and multiplication

Use the given numbers to form fact family equations

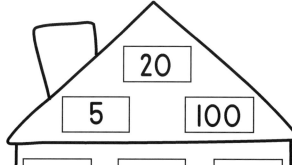

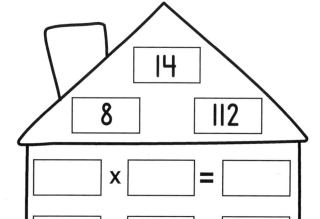

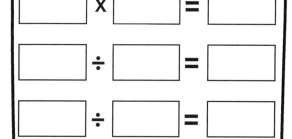

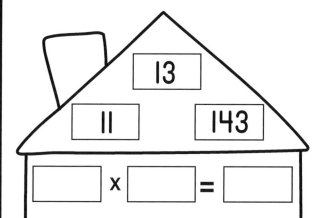

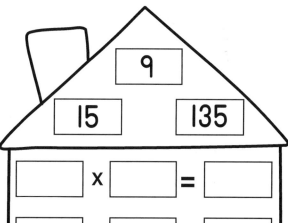

Fact Families

division and multiplication

Use the given numbers to form fact family equations

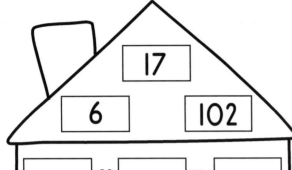

17
6   102

☐ x ☐ = ☐

☐ x ☐ = ☐

☐ ÷ ☐ = ☐

☐ ÷ ☐ = ☐

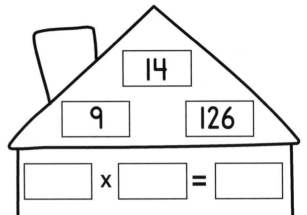

14
9   126

☐ x ☐ = ☐

☐ x ☐ = ☐

☐ ÷ ☐ = ☐

☐ ÷ ☐ = ☐

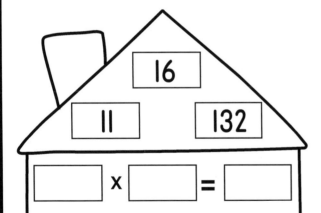

16
11   132

☐ x ☐ = ☐

☐ x ☐ = ☐

☐ ÷ ☐ = ☐

☐ ÷ ☐ = ☐

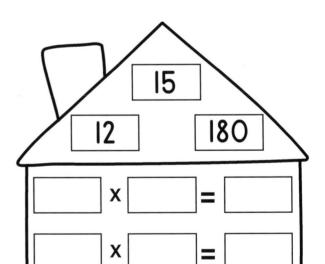

15
12   180

☐ x ☐ = ☐

☐ x ☐ = ☐

☐ ÷ ☐ = ☐

☐ ÷ ☐ = ☐

Fact Families

division and multiplication

Use the given numbers to form fact
family equations

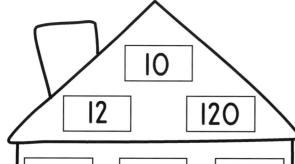

House 1 — numbers: 10, 12, 120

	x		=	
	x		=	
	÷		=	
	÷		=	

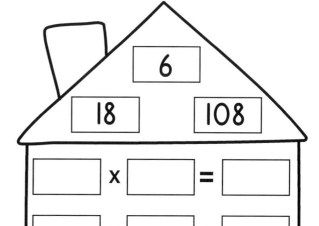

House 2 — numbers: 6, 18, 108

	x		=	
	x		=	
	÷		=	
	÷		=	

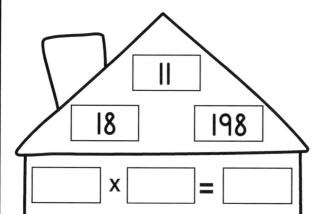

House 3 — numbers: 11, 18, 198

	x		=	
	x		=	
	÷		=	
	÷		=	

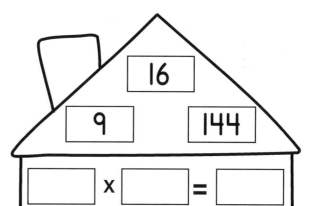

House 4 — numbers: 16, 9, 144

	x		=	
	x		=	
	÷		=	
	÷		=	

Fact Families

division and multiplication

Use the given numbers to form fact family equations

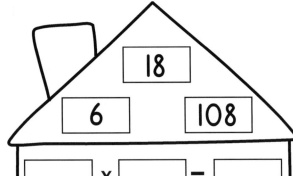

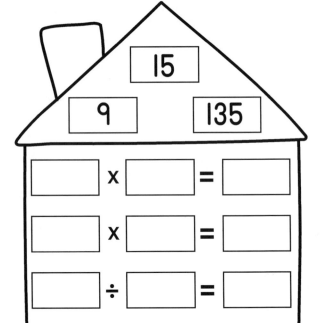

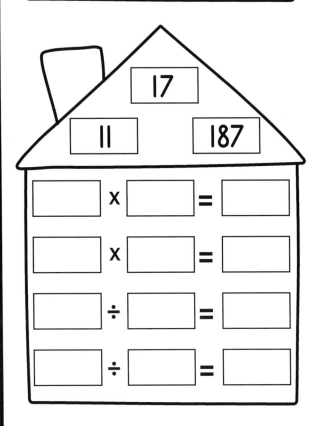

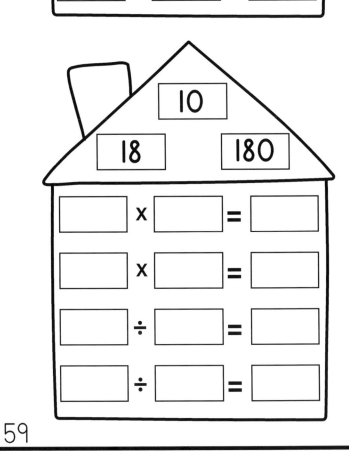

Fact Families | division and multiplication

Use the given numbers to form fact
family equations

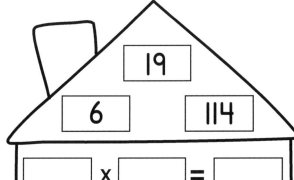

19
6   114

$\square$ x $\square$ = $\square$

$\square$ x $\square$ = $\square$

$\square$ ÷ $\square$ = $\square$

$\square$ ÷ $\square$ = $\square$

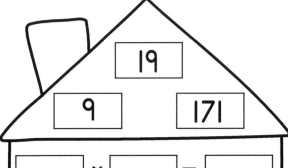

19
9   171

$\square$ x $\square$ = $\square$

$\square$ x $\square$ = $\square$

$\square$ ÷ $\square$ = $\square$

$\square$ ÷ $\square$ = $\square$

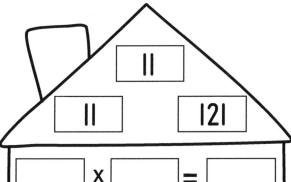

11
11   121

$\square$ x $\square$ = $\square$

$\square$ x $\square$ = $\square$

$\square$ ÷ $\square$ = $\square$

$\square$ ÷ $\square$ = $\square$

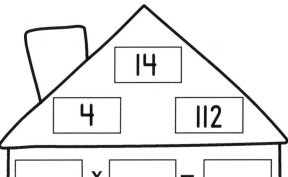

14
4   112

$\square$ x $\square$ = $\square$

$\square$ x $\square$ = $\square$

$\square$ ÷ $\square$ = $\square$

$\square$ ÷ $\square$ = $\square$

Fact Families

Use the given numbers to form fact family equations

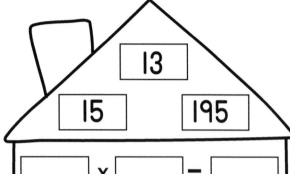

	x	=
	x	=
	÷	=
	÷	=

13
15   195

	x	=
	x	=
	÷	=
	÷	=

18
8   144

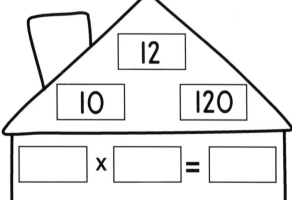

	x	=
	x	=
	÷	=
	÷	=

12
10   120

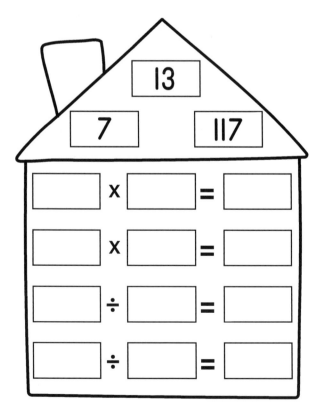

	x	=
	x	=
	÷	=
	÷	=

13
7   117

Fact Families

Use the given numbers to form fact family equations

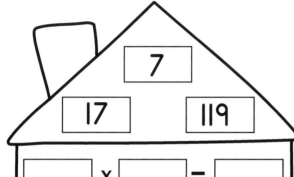

7

17   119

⬜ x ⬜ = ⬜

⬜ x ⬜ = ⬜

⬜ ÷ ⬜ = ⬜

⬜ ÷ ⬜ = ⬜

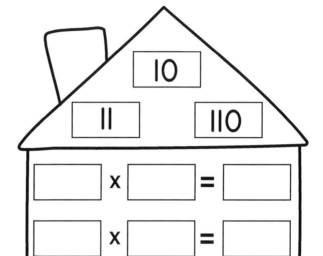

10

11   110

⬜ x ⬜ = ⬜

⬜ x ⬜ = ⬜

⬜ ÷ ⬜ = ⬜

⬜ ÷ ⬜ = ⬜

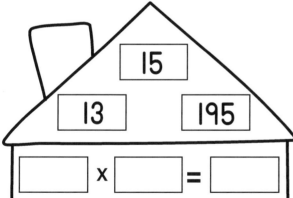

15

13   195

⬜ x ⬜ = ⬜

⬜ x ⬜ = ⬜

⬜ ÷ ⬜ = ⬜

⬜ ÷ ⬜ = ⬜

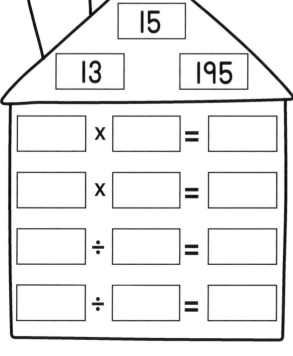

12

16   192

⬜ x ⬜ = ⬜

⬜ x ⬜ = ⬜

⬜ ÷ ⬜ = ⬜

⬜ ÷ ⬜ = ⬜

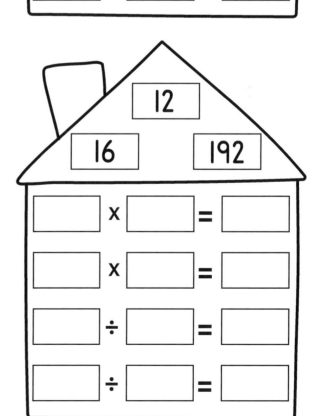

Fact Families | division and multiplication

Use the given numbers to form fact family equations

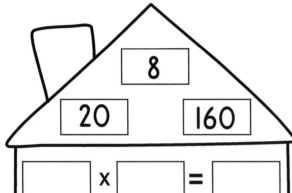

8

20   160

$$\boxed{} \times \boxed{} = \boxed{}$$

$$\boxed{} \times \boxed{} = \boxed{}$$

$$\boxed{} \div \boxed{} = \boxed{}$$

$$\boxed{} \div \boxed{} = \boxed{}$$

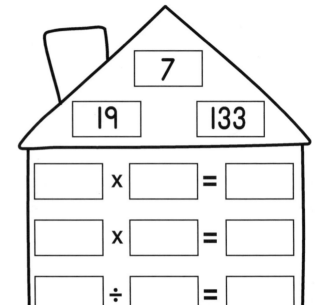

7

19   133

$$\boxed{} \times \boxed{} = \boxed{}$$

$$\boxed{} \times \boxed{} = \boxed{}$$

$$\boxed{} \div \boxed{} = \boxed{}$$

$$\boxed{} \div \boxed{} = \boxed{}$$

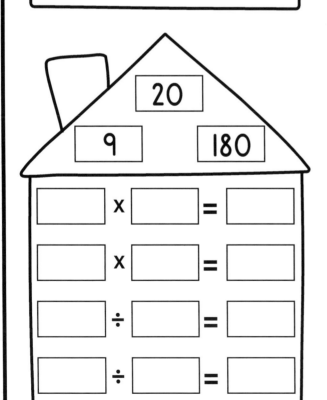

20

9   180

$$\boxed{} \times \boxed{} = \boxed{}$$

$$\boxed{} \times \boxed{} = \boxed{}$$

$$\boxed{} \div \boxed{} = \boxed{}$$

$$\boxed{} \div \boxed{} = \boxed{}$$

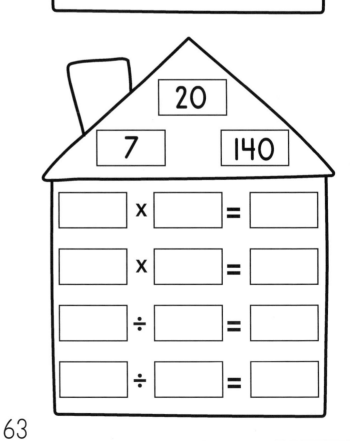

20

7   140

$$\boxed{} \times \boxed{} = \boxed{}$$

$$\boxed{} \times \boxed{} = \boxed{}$$

$$\boxed{} \div \boxed{} = \boxed{}$$

$$\boxed{} \div \boxed{} = \boxed{}$$

Fact Families

division and multiplication

Use the given numbers to form fact family equations

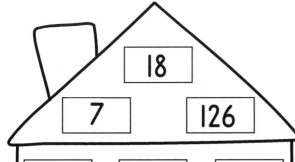

18
7   126

	x		=	
	x		=	
	÷		=	
	÷		=	

13
9   117

	x		=	
	x		=	
	÷		=	
	÷		=	

18
10   180

	x		=	
	x		=	
	÷		=	
	÷		=	

9
14   126

	x		=	
	x		=	
	÷		=	
	÷		=	

Fact Families

division and multiplication

Use the given numbers to form fact family equations

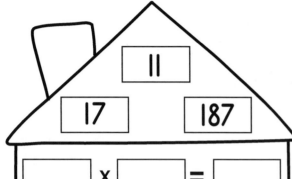

House 1: 11, 17, 187

$$\boxed{} \times \boxed{} = \boxed{}$$
$$\boxed{} \times \boxed{} = \boxed{}$$
$$\boxed{} \div \boxed{} = \boxed{}$$
$$\boxed{} \div \boxed{} = \boxed{}$$

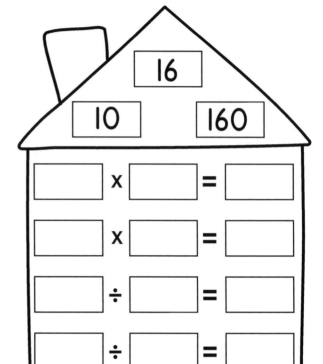

House 2: 16, 10, 160

$$\boxed{} \times \boxed{} = \boxed{}$$
$$\boxed{} \times \boxed{} = \boxed{}$$
$$\boxed{} \div \boxed{} = \boxed{}$$
$$\boxed{} \div \boxed{} = \boxed{}$$

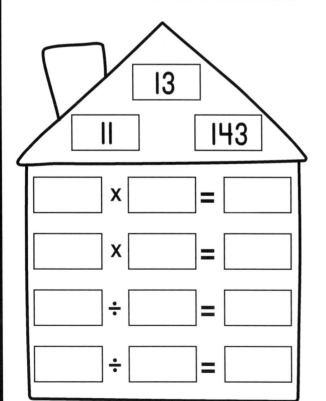

House 3: 13, 11, 143

$$\boxed{} \times \boxed{} = \boxed{}$$
$$\boxed{} \times \boxed{} = \boxed{}$$
$$\boxed{} \div \boxed{} = \boxed{}$$
$$\boxed{} \div \boxed{} = \boxed{}$$

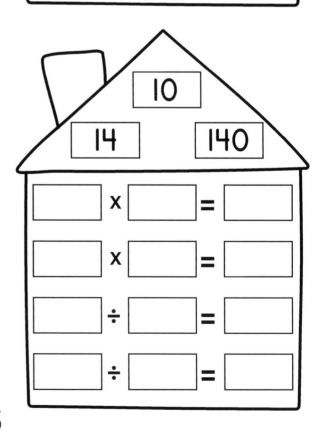

House 4: 10, 14, 140

$$\boxed{} \times \boxed{} = \boxed{}$$
$$\boxed{} \times \boxed{} = \boxed{}$$
$$\boxed{} \div \boxed{} = \boxed{}$$
$$\boxed{} \div \boxed{} = \boxed{}$$

Fact Families

Use the given numbers to form fact
family equations

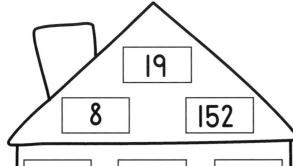

19

8   152

	x		=	
	x		=	
	÷		=	
	÷		=	

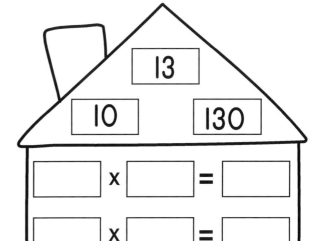

13

10   130

	x		=	
	x		=	
	÷		=	
	÷		=	

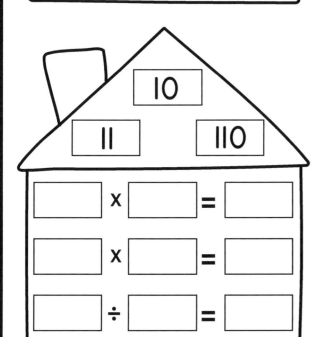

10

11   110

	x		=	
	x		=	
	÷		=	
	÷		=	

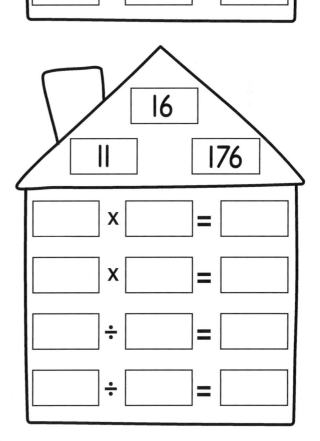

16

11   176

	x		=	
	x		=	
	÷		=	
	÷		=	

66

Fact Families

division and multiplication

Use the given numbers to form fact family equations

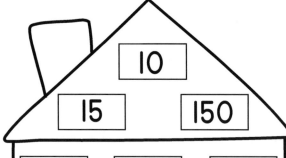

10

15   150

☐ x ☐ = ☐

☐ x ☐ = ☐

☐ ÷ ☐ = ☐

☐ ÷ ☐ = ☐

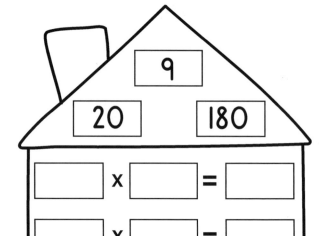

9

20   180

☐ x ☐ = ☐

☐ x ☐ = ☐

☐ ÷ ☐ = ☐

☐ ÷ ☐ = ☐

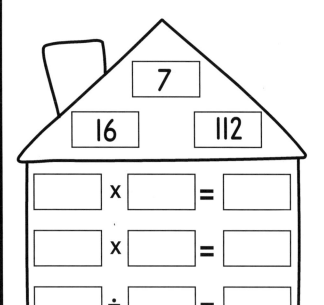

7

16   112

☐ x ☐ = ☐

☐ x ☐ = ☐

☐ ÷ ☐ = ☐

☐ ÷ ☐ = ☐

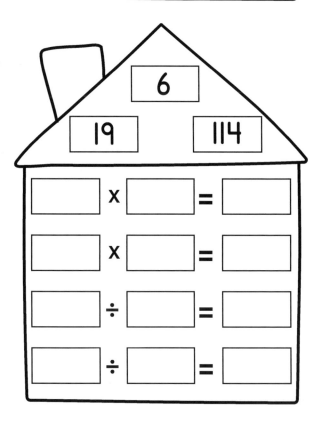

6

19   114

☐ x ☐ = ☐

☐ x ☐ = ☐

☐ ÷ ☐ = ☐

☐ ÷ ☐ = ☐

Fact Families | division and multiplication

Use the given numbers to form fact family equations

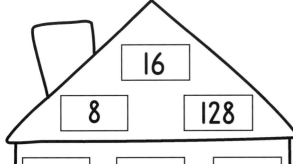

16
8   128

☐ x ☐ = ☐

☐ x ☐ = ☐

☐ ÷ ☐ = ☐

☐ ÷ ☐ = ☐

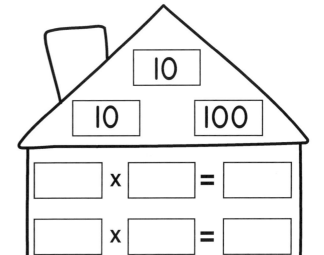

10
10   100

☐ x ☐ = ☐

☐ x ☐ = ☐

☐ ÷ ☐ = ☐

☐ ÷ ☐ = ☐

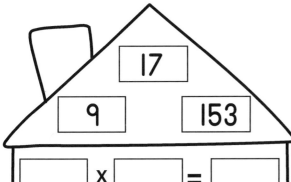

17
9   153

☐ x ☐ = ☐

☐ x ☐ = ☐

☐ ÷ ☐ = ☐

☐ ÷ ☐ = ☐

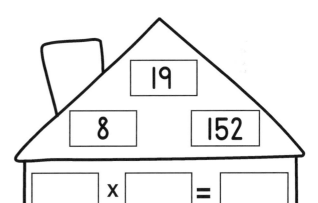

19
8   152

☐ x ☐ = ☐

☐ x ☐ = ☐

☐ ÷ ☐ = ☐

☐ ÷ ☐ = ☐

Fact Families

division and multiplication

Use the given numbers to form fact family equations

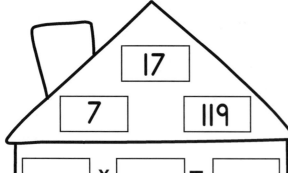

17
7   119

| | x | | = | |

| | x | | = | |

| | ÷ | | = | |

| | ÷ | | = | |

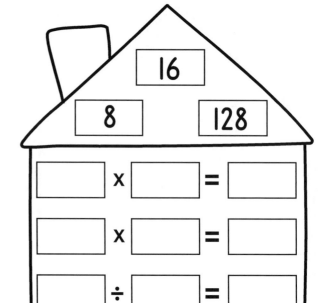

16
8   128

| | x | | = | |

| | x | | = | |

| | ÷ | | = | |

| | ÷ | | = | |

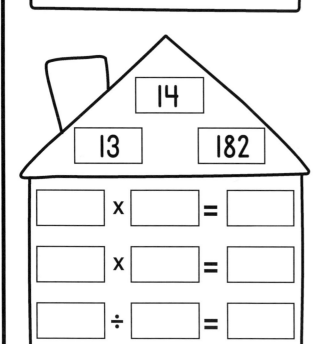

14
13   182

| | x | | = | |

| | x | | = | |

| | ÷ | | = | |

| | ÷ | | = | |

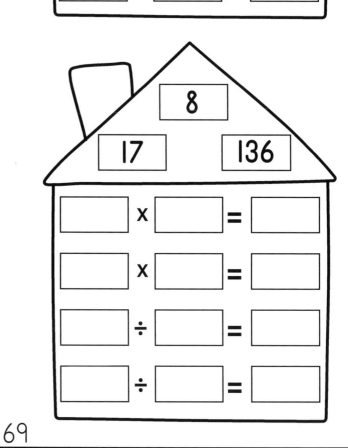

8
17   136

| | x | | = | |

| | x | | = | |

| | ÷ | | = | |

| | ÷ | | = | |

Fact Families

Use the given numbers to form fact
family equations

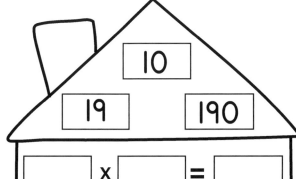

10

19   190

$\boxed{} \times \boxed{} = \boxed{}$

$\boxed{} \times \boxed{} = \boxed{}$

$\boxed{} \div \boxed{} = \boxed{}$

$\boxed{} \div \boxed{} = \boxed{}$

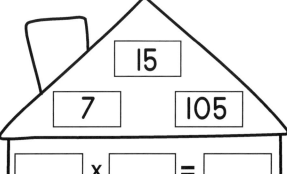

15

7   105

$\boxed{} \times \boxed{} = \boxed{}$

$\boxed{} \times \boxed{} = \boxed{}$

$\boxed{} \div \boxed{} = \boxed{}$

$\boxed{} \div \boxed{} = \boxed{}$

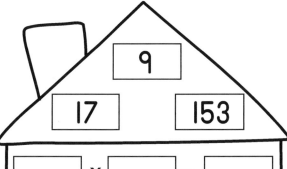

9

17   153

$\boxed{} \times \boxed{} = \boxed{}$

$\boxed{} \times \boxed{} = \boxed{}$

$\boxed{} \div \boxed{} = \boxed{}$

$\boxed{} \div \boxed{} = \boxed{}$

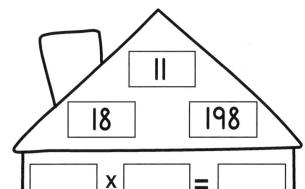

11

18   198

$\boxed{} \times \boxed{} = \boxed{}$

$\boxed{} \times \boxed{} = \boxed{}$

$\boxed{} \div \boxed{} = \boxed{}$

$\boxed{} \div \boxed{} = \boxed{}$

Fact Families

division and multiplication

Use the given numbers to form fact family equations

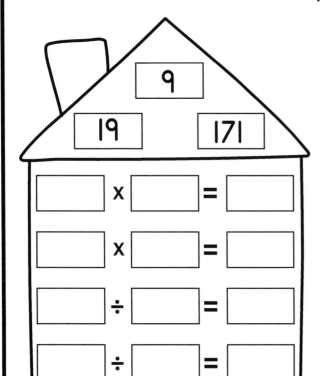

9

19   171

[ ] x [ ] = [ ]

[ ] x [ ] = [ ]

[ ] ÷ [ ] = [ ]

[ ] ÷ [ ] = [ ]

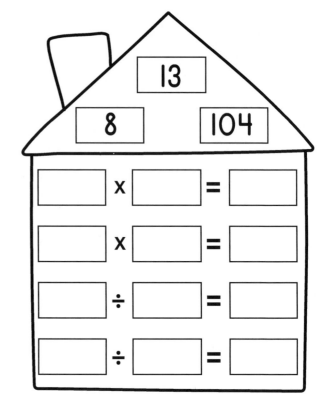

13

8   104

[ ] x [ ] = [ ]

[ ] x [ ] = [ ]

[ ] ÷ [ ] = [ ]

[ ] ÷ [ ] = [ ]

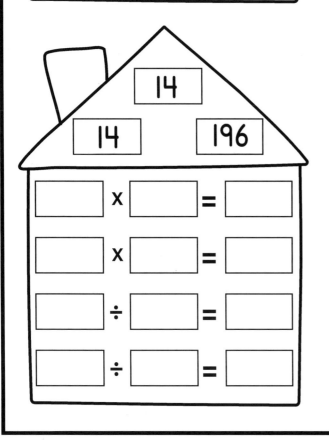

14

14   196

[ ] x [ ] = [ ]

[ ] x [ ] = [ ]

[ ] ÷ [ ] = [ ]

[ ] ÷ [ ] = [ ]

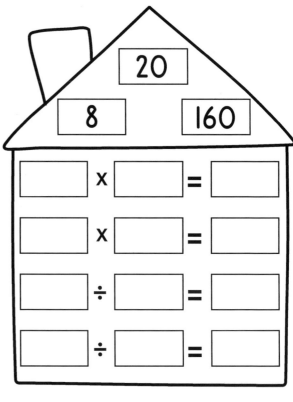

20

8   160

[ ] x [ ] = [ ]

[ ] x [ ] = [ ]

[ ] ÷ [ ] = [ ]

[ ] ÷ [ ] = [ ]

Fact Families | division and multiplication

Use the given numbers to form fact
family equations

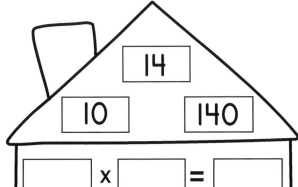

14

10   140

	x		=	
	x		=	
	÷		=	
	÷		=	

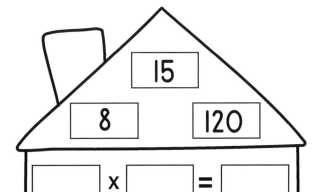

15

8   120

	x		=	
	x		=	
	÷		=	
	÷		=	

19

7   133

	x		=	
	x		=	
	÷		=	
	÷		=	

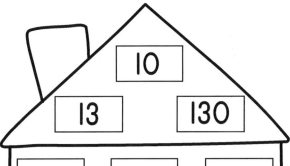

10

13   130

	x		=	
	x		=	
	÷		=	
	÷		=	

72

Fact Families

division and multiplication

Use the given numbers to form fact family equations

11

16   176

☐ x ☐ = ☐
☐ x ☐ = ☐
☐ ÷ ☐ = ☐
☐ ÷ ☐ = ☐

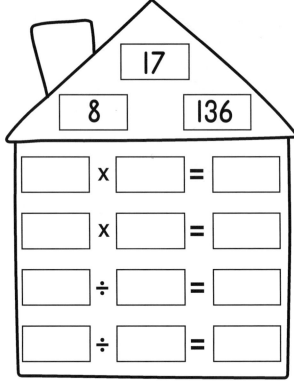

17

8   136

☐ x ☐ = ☐
☐ x ☐ = ☐
☐ ÷ ☐ = ☐
☐ ÷ ☐ = ☐

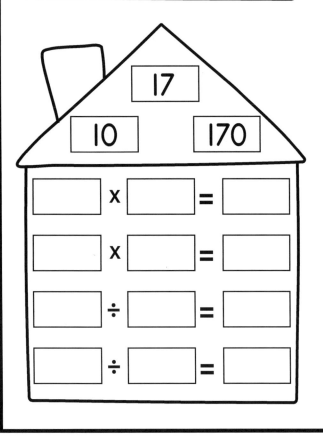

17

10   170

☐ x ☐ = ☐
☐ x ☐ = ☐
☐ ÷ ☐ = ☐
☐ ÷ ☐ = ☐

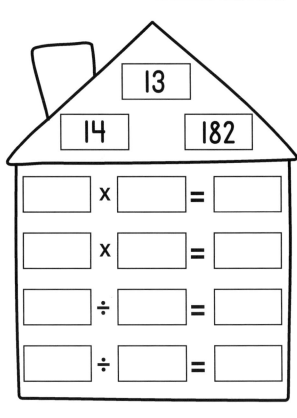

13

14   182

☐ x ☐ = ☐
☐ x ☐ = ☐
☐ ÷ ☐ = ☐
☐ ÷ ☐ = ☐

Fact Families | division and multiplication

Use the given numbers to form fact family equations

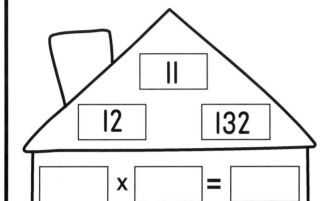

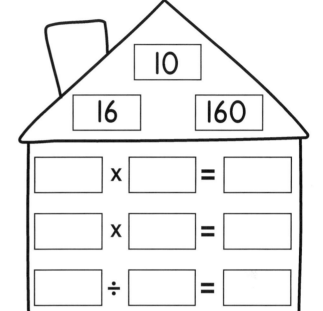

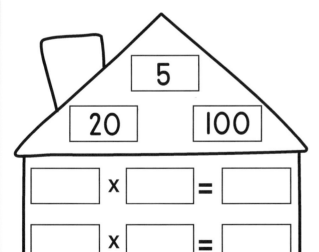

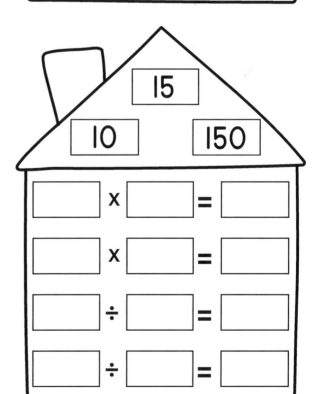

Fact Families | division and multiplication

Use the given numbers to form fact family equations

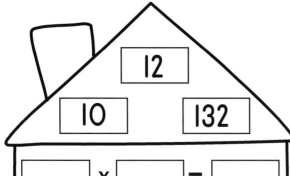

12
10   132

☐ x ☐ = ☐
☐ x ☐ = ☐
☐ ÷ ☐ = ☐
☐ ÷ ☐ = ☐

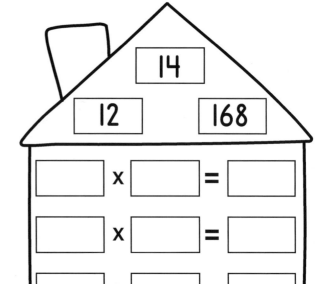

14
12   168

☐ x ☐ = ☐
☐ x ☐ = ☐
☐ ÷ ☐ = ☐
☐ ÷ ☐ = ☐

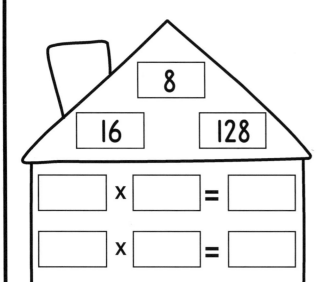

8
16   128

☐ x ☐ = ☐
☐ x ☐ = ☐
☐ ÷ ☐ = ☐
☐ ÷ ☐ = ☐

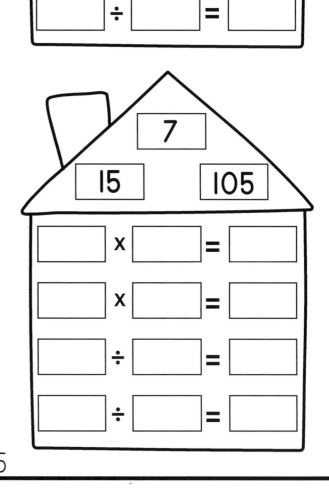

7
15   105

☐ x ☐ = ☐
☐ x ☐ = ☐
☐ ÷ ☐ = ☐
☐ ÷ ☐ = ☐

Fact Families
division and multiplication

Use the given numbers to form fact
family equations

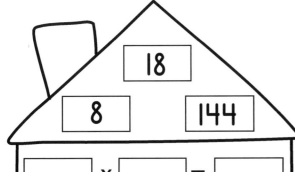

18

8   144

[ ] x [ ] = [ ]

[ ] x [ ] = [ ]

[ ] ÷ [ ] = [ ]

[ ] ÷ [ ] = [ ]

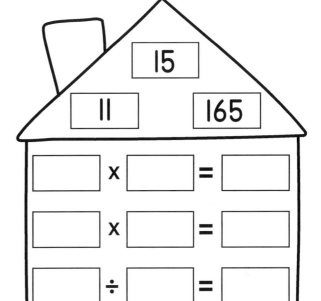

15

11   165

[ ] x [ ] = [ ]

[ ] x [ ] = [ ]

[ ] ÷ [ ] = [ ]

[ ] ÷ [ ] = [ ]

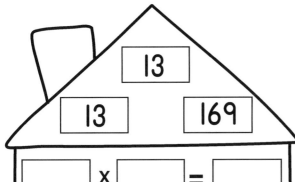

13

13   169

[ ] x [ ] = [ ]

[ ] x [ ] = [ ]

[ ] ÷ [ ] = [ ]

[ ] ÷ [ ] = [ ]

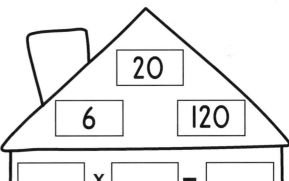

20

6   120

[ ] x [ ] = [ ]

[ ] x [ ] = [ ]

[ ] ÷ [ ] = [ ]

[ ] ÷ [ ] = [ ]

Use the given numbers to form fact
family equations

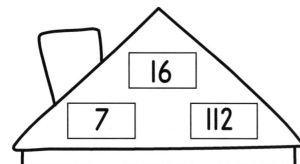

16

7   112

	x		=	
	x		=	
	÷		=	
	÷		=	

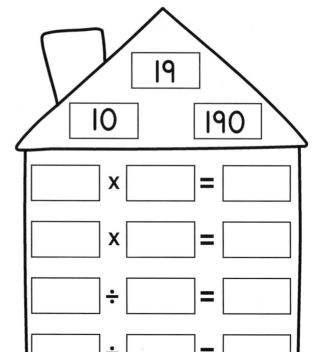

19

10   190

	x		=	
	x		=	
	÷		=	
	÷		=	

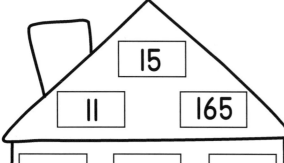

15

11   165

	x		=	
	x		=	
	÷		=	
	÷		=	

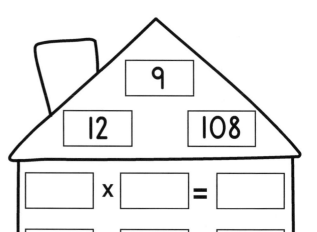

9

12   108

	x		=	
	x		=	
	÷		=	
	÷		=	

Fact Families

division and multiplication

Use the given numbers to form fact family equations

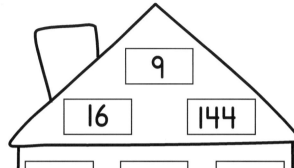

9, 16, 144

___ x ___ = ___

___ x ___ = ___

___ ÷ ___ = ___

___ ÷ ___ = ___

12, 15, 180

___ x ___ = ___

___ x ___ = ___

___ ÷ ___ = ___

___ ÷ ___ = ___

12, 14, 168

___ x ___ = ___

___ x ___ = ___

___ ÷ ___ = ___

___ ÷ ___ = ___

7, 20, 140

___ x ___ = ___

___ x ___ = ___

___ ÷ ___ = ___

___ ÷ ___ = ___

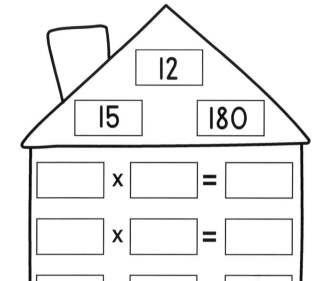

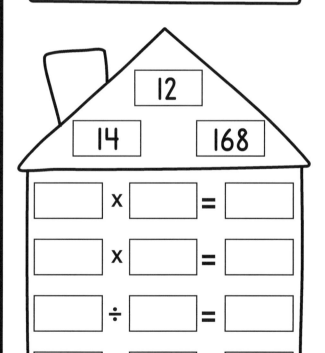

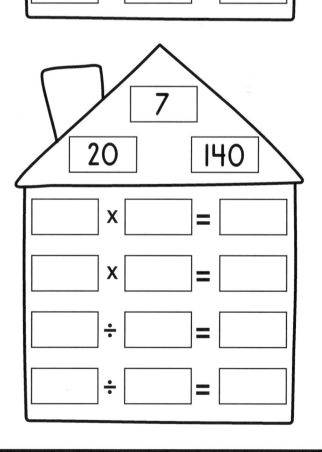

Fact Families

division and multiplication

Use the given numbers to form fact family equations

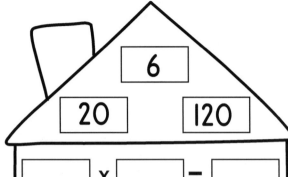

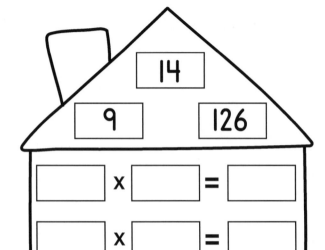

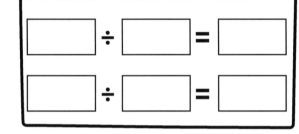

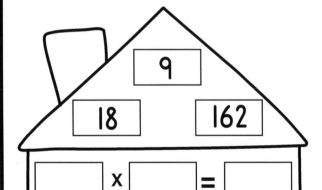

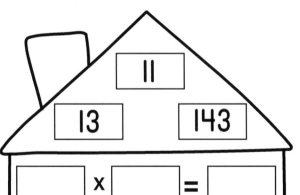

Fact Families | division and multiplication

Use the given numbers to form fact family equations

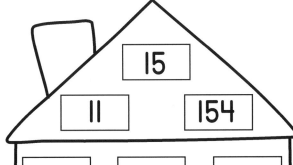

15

11   154

☐ x ☐ = ☐

☐ x ☐ = ☐

☐ ÷ ☐ = ☐

☐ ÷ ☐ = ☐

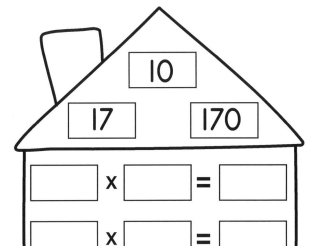

10

17   170

☐ x ☐ = ☐

☐ x ☐ = ☐

☐ ÷ ☐ = ☐

☐ ÷ ☐ = ☐

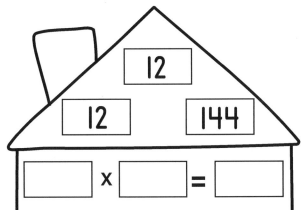

12

12   144

☐ x ☐ = ☐

☐ x ☐ = ☐

☐ ÷ ☐ = ☐

☐ ÷ ☐ = ☐

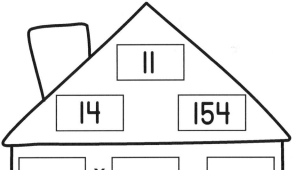

11

14   154

☐ x ☐ = ☐

☐ x ☐ = ☐

☐ ÷ ☐ = ☐

☐ ÷ ☐ = ☐

Use the given numbers to form fact
family equations

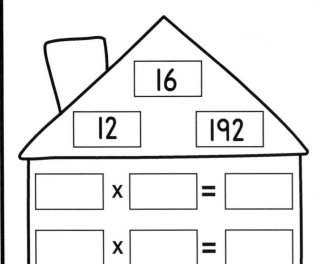

16

12   192

☐ x ☐ = ☐

☐ x ☐ = ☐

☐ ÷ ☐ = ☐

☐ ÷ ☐ = ☐

9

16   144

☐ x ☐ = ☐

☐ x ☐ = ☐

☐ ÷ ☐ = ☐

☐ ÷ ☐ = ☐

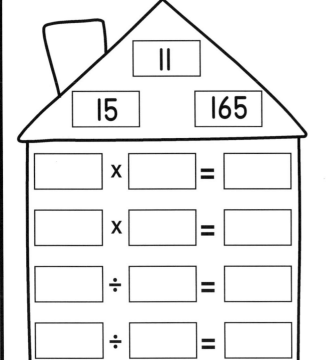

11

15   165

☐ x ☐ = ☐

☐ x ☐ = ☐

☐ ÷ ☐ = ☐

☐ ÷ ☐ = ☐

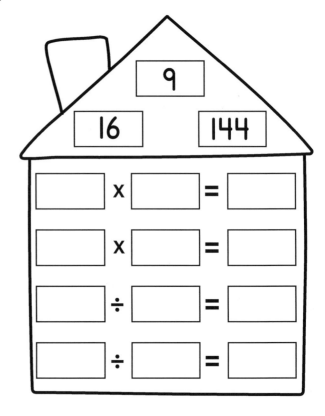

7

18   126

☐ x ☐ = ☐

☐ x ☐ = ☐

☐ ÷ ☐ = ☐

☐ ÷ ☐ = ☐

Fact Families | division and multiplication

Use the given numbers to form fact family equations

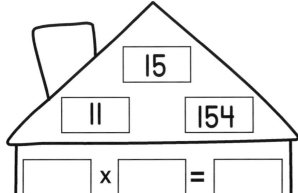

[ ] x [ ] = [ ]

[ ] x [ ] = [ ]

[ ] ÷ [ ] = [ ]

[ ] ÷ [ ] = [ ]

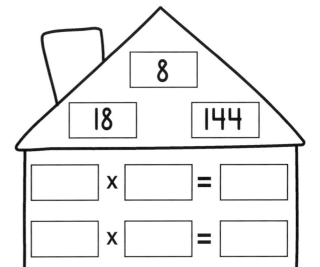

[ ] x [ ] = [ ]

[ ] x [ ] = [ ]

[ ] ÷ [ ] = [ ]

[ ] ÷ [ ] = [ ]

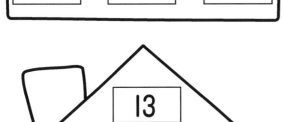

[ ] x [ ] = [ ]

[ ] x [ ] = [ ]

[ ] ÷ [ ] = [ ]

[ ] ÷ [ ] = [ ]

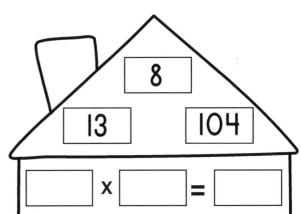

[ ] x [ ] = [ ]

[ ] x [ ] = [ ]

[ ] ÷ [ ] = [ ]

[ ] ÷ [ ] = [ ]

Fact Families | division and multiplication

Use the given numbers to form fact
family equations

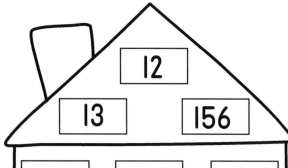

12

13   156

	×		=	
	×		=	
	÷		=	
	÷		=	

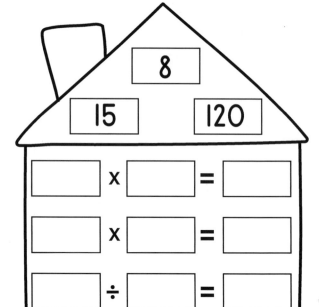

8

15   120

	×		=	
	×		=	
	÷		=	
	÷		=	

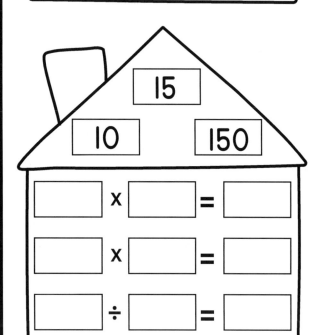

15

10   150

	×		=	
	×		=	
	÷		=	
	÷		=	

7

13   117

	×		=	
	×		=	
	÷		=	
	÷		=	

Fact Families

Use the given numbers to form fact family equations

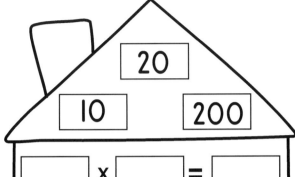

20

10   200

☐ x ☐ = ☐

☐ x ☐ = ☐

☐ ÷ ☐ = ☐

☐ ÷ ☐ = ☐

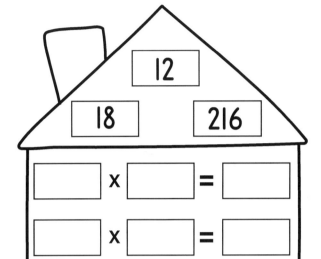

12

18   216

☐ x ☐ = ☐

☐ x ☐ = ☐

☐ ÷ ☐ = ☐

☐ ÷ ☐ = ☐

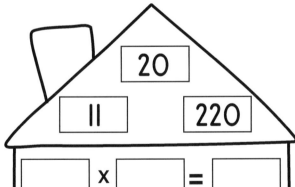

20

11   220

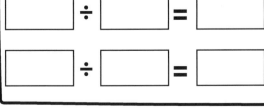

☐ x ☐ = ☐

☐ x ☐ = ☐

☐ ÷ ☐ = ☐

☐ ÷ ☐ = ☐

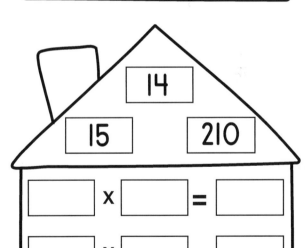

14

15   210

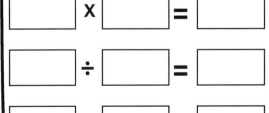

☐ x ☐ = ☐

☐ x ☐ = ☐

☐ ÷ ☐ = ☐

☐ ÷ ☐ = ☐

Fact Families

Use the given numbers to form fact family equations

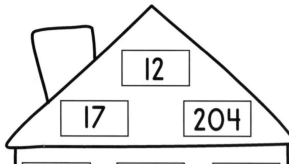

12
17   204

☐ x ☐ = ☐
☐ x ☐ = ☐
☐ ÷ ☐ = ☐
☐ ÷ ☐ = ☐

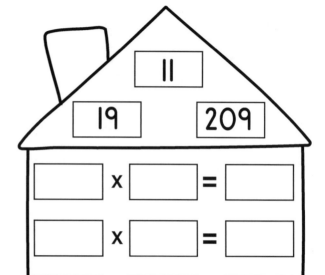

11
19   209

☐ x ☐ = ☐
☐ x ☐ = ☐
☐ ÷ ☐ = ☐
☐ ÷ ☐ = ☐

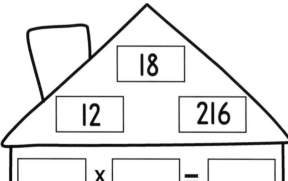

18
12   216

☐ x ☐ = ☐
☐ x ☐ = ☐
☐ ÷ ☐ = ☐
☐ ÷ ☐ = ☐

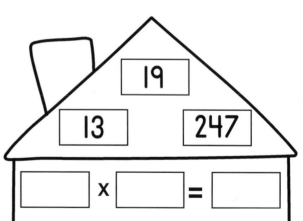

19
13   247

☐ x ☐ = ☐
☐ x ☐ = ☐
☐ ÷ ☐ = ☐
☐ ÷ ☐ = ☐

Fact Families

division and multiplication

Use the given numbers to form fact family equations

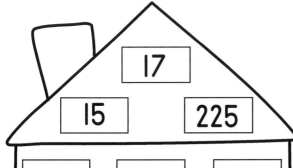

17

15   225

☐	x	☐	=	☐
☐	x	☐	=	☐
☐	÷	☐	=	☐
☐	÷	☐	=	☐

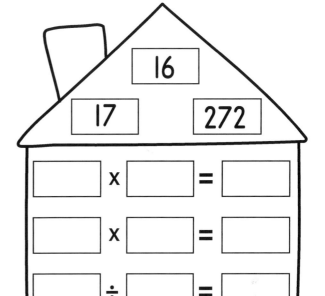

16

17   272

☐	x	☐	=	☐
☐	x	☐	=	☐
☐	÷	☐	=	☐
☐	÷	☐	=	☐

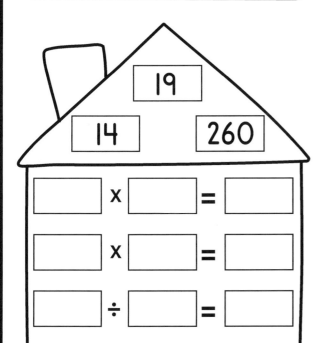

19

14   260

☐	x	☐	=	☐
☐	x	☐	=	☐
☐	÷	☐	=	☐
☐	÷	☐	=	☐

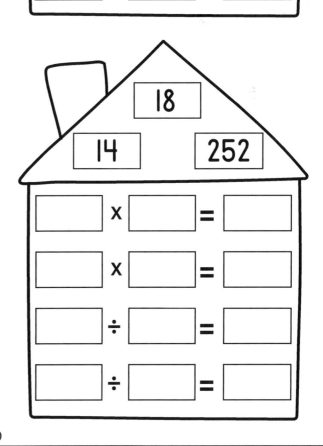

18

14   252

☐	x	☐	=	☐
☐	x	☐	=	☐
☐	÷	☐	=	☐
☐	÷	☐	=	☐

Fact Families | division and multiplication

Use the given numbers to form fact family equations

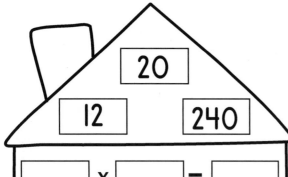

20

12   240

	x		=	
	x		=	
	÷		=	
	÷		=	

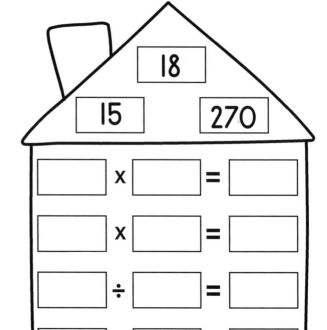

18

15   270

	x		=	
	x		=	
	÷		=	
	÷		=	

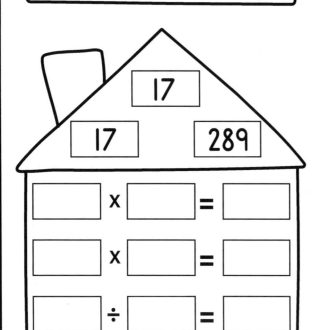

17

17   289

	x		=	
	x		=	
	÷		=	
	÷		=	

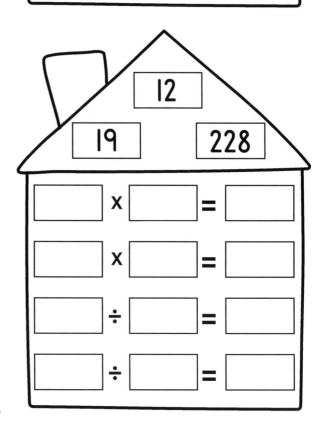

12

19   228

	x		=	
	x		=	
	÷		=	
	÷		=	

Fact Families | division and multiplication

Use the given numbers to form fact
family equations

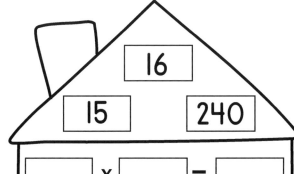

16
15   240

☐ x ☐ = ☐
☐ x ☐ = ☐
☐ ÷ ☐ = ☐
☐ ÷ ☐ = ☐

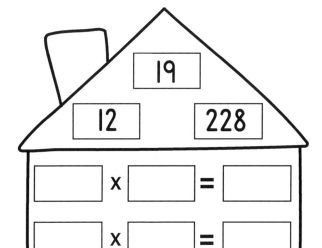

19
12   228

☐ x ☐ = ☐
☐ x ☐ = ☐
☐ ÷ ☐ = ☐
☐ ÷ ☐ = ☐

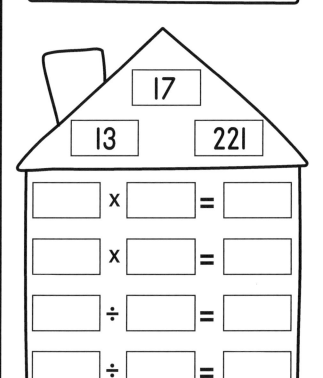

17
13   221

☐ x ☐ = ☐
☐ x ☐ = ☐
☐ ÷ ☐ = ☐
☐ ÷ ☐ = ☐

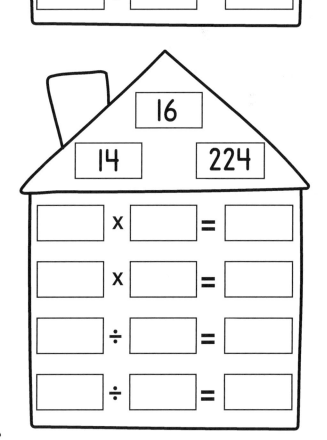

16
14   224

☐ x ☐ = ☐
☐ x ☐ = ☐
☐ ÷ ☐ = ☐
☐ ÷ ☐ = ☐

Fact Families

division and multiplication

Use the given numbers to form fact family equations

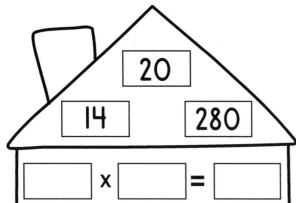

20

14   280

[ ] x [ ] = [ ]

[ ] x [ ] = [ ]

[ ] ÷ [ ] = [ ]

[ ] ÷ [ ] = [ ]

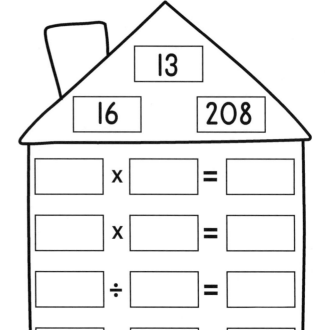

13

16   208

[ ] x [ ] = [ ]

[ ] x [ ] = [ ]

[ ] ÷ [ ] = [ ]

[ ] ÷ [ ] = [ ]

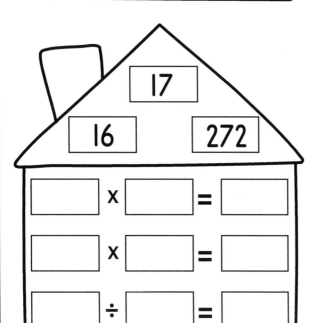

17

16   272

[ ] x [ ] = [ ]

[ ] x [ ] = [ ]

[ ] ÷ [ ] = [ ]

[ ] ÷ [ ] = [ ]

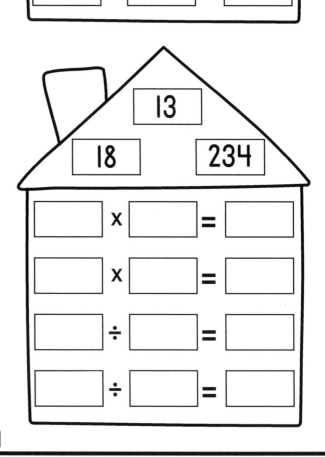

13

18   234

[ ] x [ ] = [ ]

[ ] x [ ] = [ ]

[ ] ÷ [ ] = [ ]

[ ] ÷ [ ] = [ ]

Fact Families

division and multiplication

Use the given numbers to form fact family equations

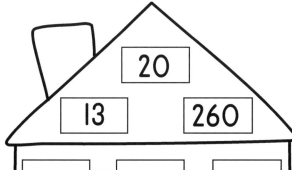

20, 13, 260

	x		=	
	x		=	
	÷		=	
	÷		=	

17, 12, 204

	x		=	
	x		=	
	÷		=	
	÷		=	

18, 13, 234

	x		=	
	x		=	
	÷		=	
	÷		=	

15, 15, 225

	x		=	
	x		=	
	÷		=	
	÷		=	

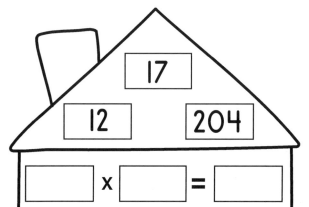

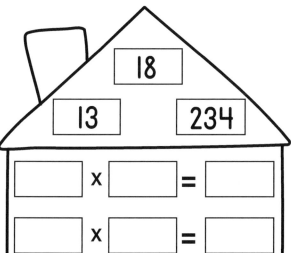

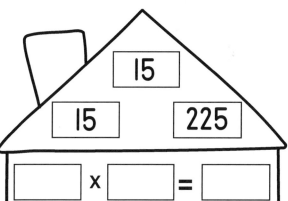

Fact Families | division and multiplication

Use the given numbers to form fact family equations

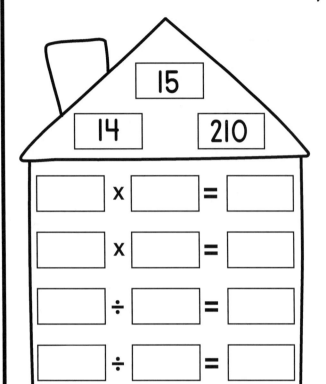

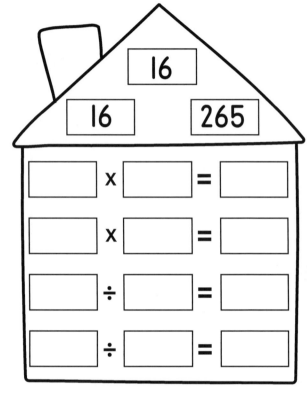

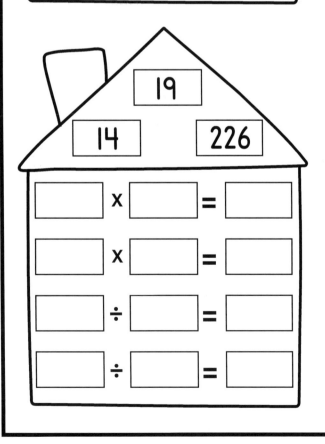

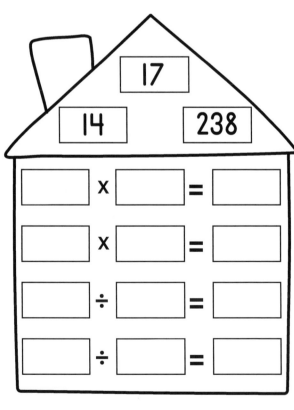

Fact Families | division and multiplication

Use the given numbers to form fact family equations

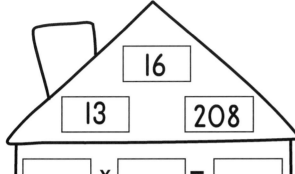

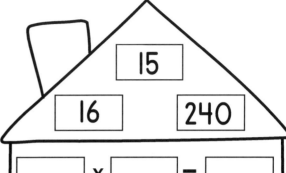

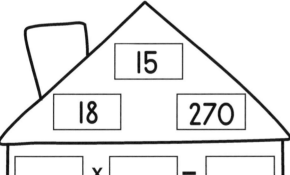

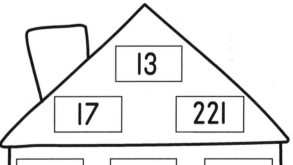

92

Fact Families | division and multiplication

Use the given numbers to form fact family equations

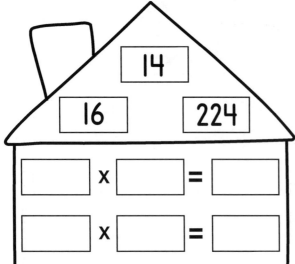

14
16   224

	x		=	
	x		=	
	÷		=	
	÷		=	

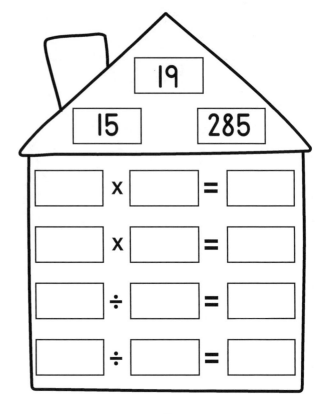

19
15   285

	x		=	
	x		=	
	÷		=	
	÷		=	

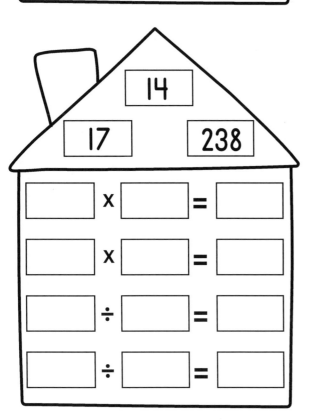

14
17   238

	x		=	
	x		=	
	÷		=	
	÷		=	

15
17   255

	x		=	
	x		=	
	÷		=	
	÷		=	

Fact Families | division and multiplication

Use the given numbers to form fact family equations

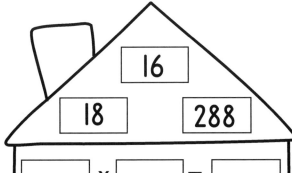

16
18   288

☐ x ☐ = ☐
☐ x ☐ = ☐
☐ ÷ ☐ = ☐
☐ ÷ ☐ = ☐

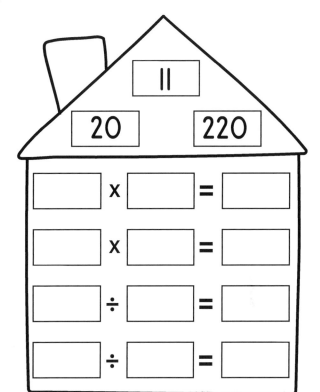

11
20   220

☐ x ☐ = ☐
☐ x ☐ = ☐
☐ ÷ ☐ = ☐
☐ ÷ ☐ = ☐

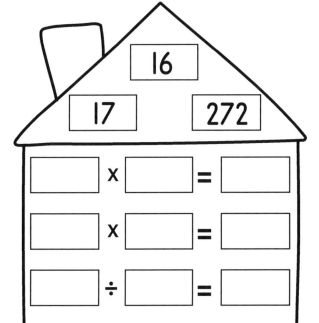

16
17   272

☐ x ☐ = ☐
☐ x ☐ = ☐
☐ ÷ ☐ = ☐
☐ ÷ ☐ = ☐

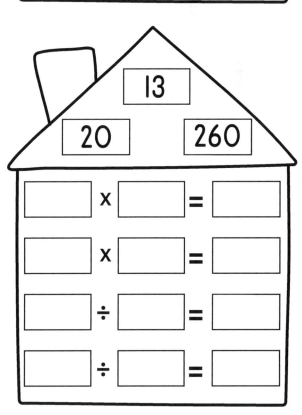

13
20   260

☐ x ☐ = ☐
☐ x ☐ = ☐
☐ ÷ ☐ = ☐
☐ ÷ ☐ = ☐

Fact Families

division and multiplication

Use the given numbers to form fact family equations

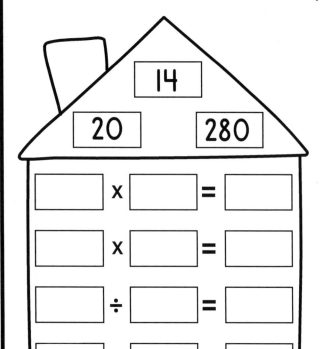

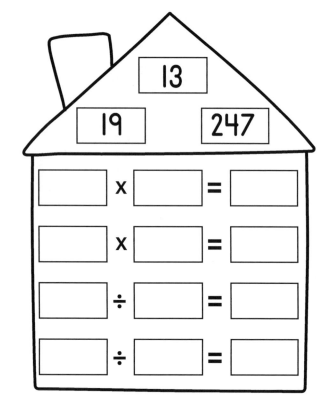

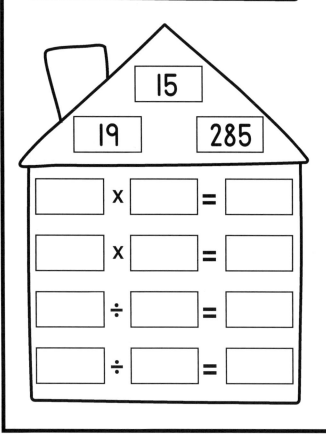

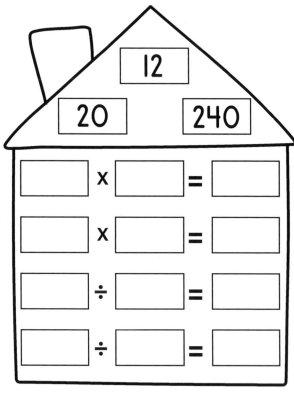

Fact Families

division and multiplication

Use the given numbers to form fact family equations

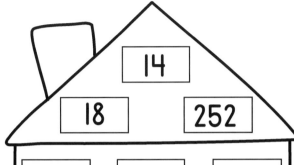

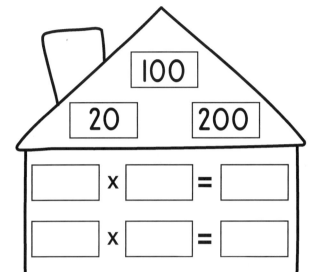

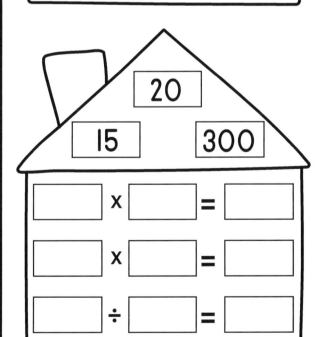

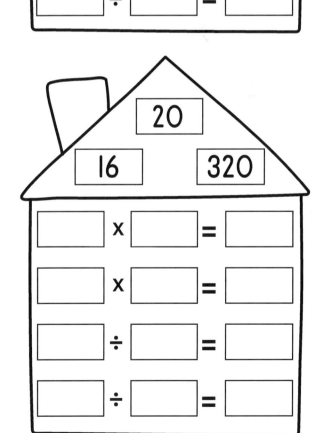

Fact Families | division and multiplication

Use the given numbers to form fact family equations

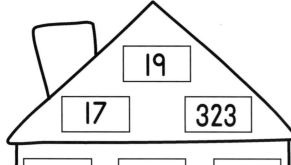

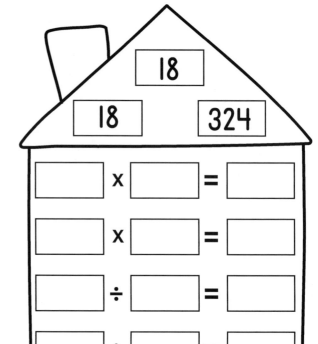

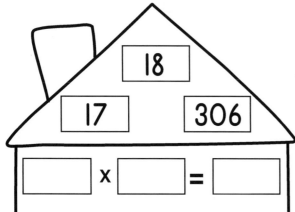

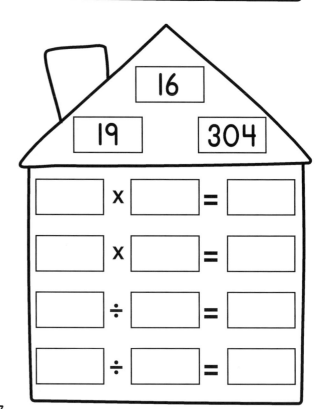

97

Fact Families | division and multiplication

Use the given numbers to form fact family equations

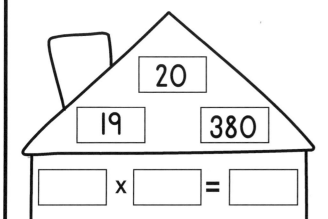

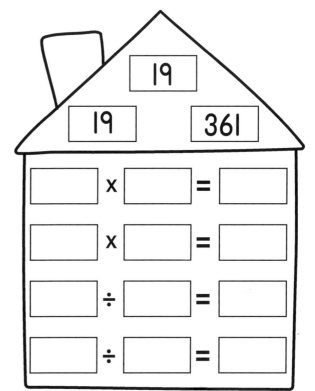

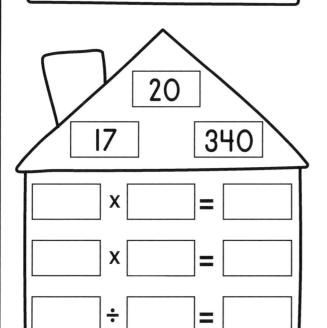

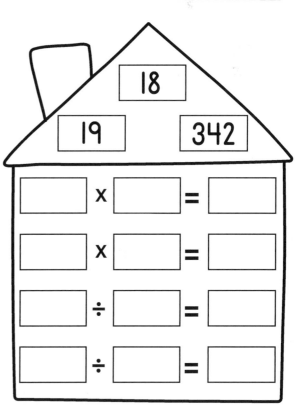

Fact Families | division and multiplication

Use the given numbers to form fact family equations

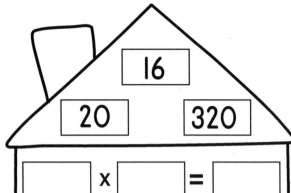

16
20   320

□	x	□	=	□
□	x	□	=	□
□	÷	□	=	□
□	÷	□	=	□

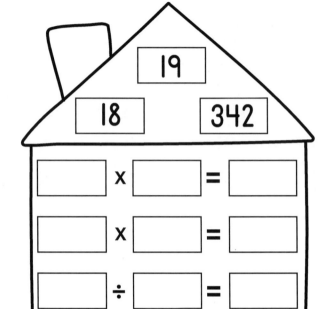

19
18   342

□	x	□	=	□
□	x	□	=	□
□	÷	□	=	□
□	÷	□	=	□

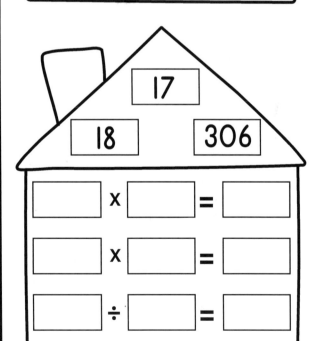

17
18   306

□	x	□	=	□
□	x	□	=	□
□	÷	□	=	□
□	÷	□	=	□

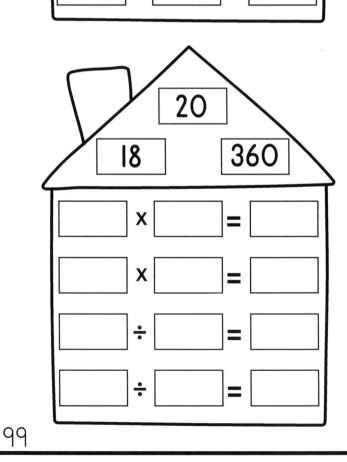

20
18   360

□	x	□	=	□
□	x	□	=	□
□	÷	□	=	□
□	÷	□	=	□

Fact Families

division and multiplication

Use the given numbers to form fact family equations

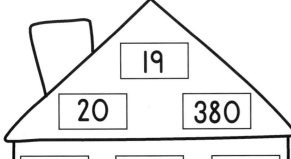

19

20   380

☐	x	☐	=	☐
☐	x	☐	=	☐
☐	÷	☐	=	☐
☐	÷	☐	=	☐

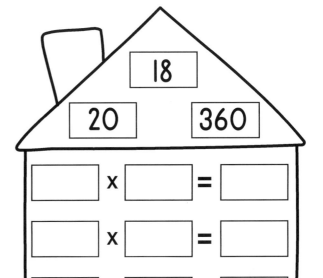

18

20   360

☐	x	☐	=	☐
☐	x	☐	=	☐
☐	÷	☐	=	☐
☐	÷	☐	=	☐

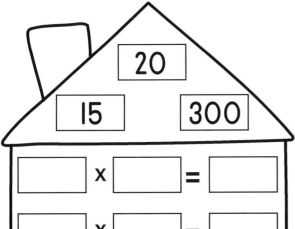

20

15   300

☐	x	☐	=	☐
☐	x	☐	=	☐
☐	÷	☐	=	☐
☐	÷	☐	=	☐

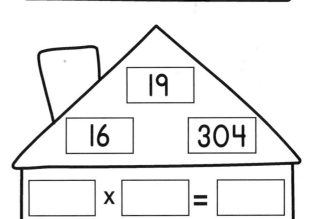

19

16   304

☐	x	☐	=	☐
☐	x	☐	=	☐
☐	÷	☐	=	☐
☐	÷	☐	=	☐

Fact Families | division and multiplication

Use the given numbers to form fact family equations

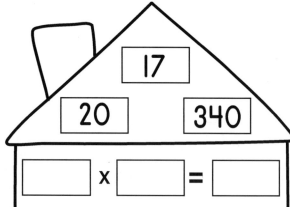

17
20   340

[ ]	x	[ ]	=	[ ]
[ ]	x	[ ]	=	[ ]
[ ]	÷	[ ]	=	[ ]
[ ]	÷	[ ]	=	[ ]

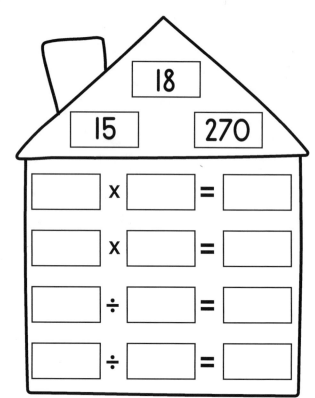

18
15   270

[ ]	x	[ ]	=	[ ]
[ ]	x	[ ]	=	[ ]
[ ]	÷	[ ]	=	[ ]
[ ]	÷	[ ]	=	[ ]

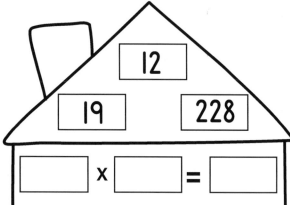

12
19   228

[ ]	x	[ ]	=	[ ]
[ ]	x	[ ]	=	[ ]
[ ]	÷	[ ]	=	[ ]
[ ]	÷	[ ]	=	[ ]

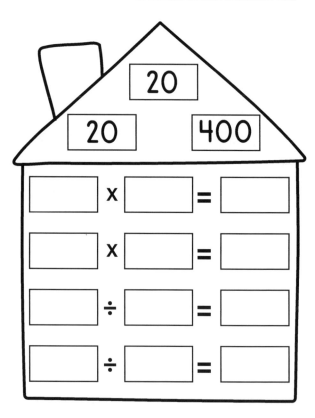

20
20   400

[ ]	x	[ ]	=	[ ]
[ ]	x	[ ]	=	[ ]
[ ]	÷	[ ]	=	[ ]
[ ]	÷	[ ]	=	[ ]

a grl who

I don't know

Know

Made in the USA
Monee, IL
10 October 2022